国学读本

高崇臻　主编

山东大学出版社

图书在版编目（CIP）数据

国学读本/高崇臻主编．—济南：山东大学出版社，2012.6 （2015.5重印）

ISBN 978-7-5607-4599-2

Ⅰ.①国…

Ⅱ.①高…

Ⅲ.①国学—高等职业教育—教材

Ⅳ.①Z126

中国版本图书馆CIP数据核字（2012）第127043号

山东大学出版社出版发行

（山东省济南市山大南路20号　邮政编码：250100）

山东省新华书店经销

日照日报印务中心印刷

720×1000毫米　1/16　10.5印张　192千字

2012年6月第1版　2015年5月第5次印刷

定价：16.50元

《国学读本》编 委 会

前 言

什么是国学？一般来说，国学是指以儒学为主体的中华传统文化与学术。我个人认为，国学除了指那些浩如烟海的累世佳作，更是指从孔夫子到毛泽东一脉相传下来的精神要义。中华民族历尽磨难而不灭种，其忠义仁爱、自强不息、百折不挠的精神，是其强大的支撑力量。如何传承和光大中华国学？唯有从青少年抓起。其基本途径就是持久地、扎实地开展诵读国学经典活动。周恩来总理生前曾经说过，台湾的国学比我们做得好。现在看，台湾的软实力确实不弱。其精髓就是通过长期国学教育所浸润滋养出来的仁爱、诚信、包容和礼仪。

成人成才教育是所有教育之要义，其重要性和紧迫性，在中等职业学校显得尤为突出。我们的学生正处在青春期，精力充沛，思维活跃，叛逆心理凸显。而这一时期又是他们的世界观、人生观、价值观形成的关键时期。探索一套适合他们健康成长的教育理念和方法，让学生在这段美好的青春岁月里，学到一技之长的同时，又提升自己的文化素养，是广大教职工必须承担起来的一个严肃而迫切的课题。

“人人都是人才”是我校教书育人的理念。要使人人都成为人才，必须有与之相适应的育人环境和教育方法。近年来，我们从学校实际出发，在试验、示范的基础上，开展了国学教育与现代教育理念相融合的教育改革探索。学校德育部的老师们翻阅了大量的文献，从经史子集、历代诗词歌赋到现当代的名家大作，从中精选出一批适合青少年阅读、有助于培养青少年积极向上品格的精品佳作，整理成册，供同学们阅读使用。全体教职工也都积极行动起来，率先垂范，勤奋学习，不断给自己充电，提升自身的思想修养和知识素养，认真钻研教育教学艺术，自觉走进学生的内心，做学生的挚友和领路人。全校在比、学、赶、帮的浓烈氛围下，呈现出生动活泼、积极向上的大好局面。

我们整理、编写《国学读本》的初衷是，奉献给孩子们一批中国传统文化的瑰宝，以丰富他们年轻的生命。青少年就像早晨八九点钟的太阳，朝气蓬勃，意气风发。家庭的希望寄托在他们身上，国家的未来寄托在他们身上。希望他们从诵读国学经典开始，自觉传承和发扬中华五千年的优秀文化，夯实人生根基，掌握现代科技技能，努力使自己成为未来社会最棒的劳动者和创造者！

几年来，《国学读本》在教学过程中不断得以完善，挑选的作品日益得到广大师生的认可和喜爱，我们决定把这一成果认真编校出版，与全国乃至全世界所有热爱中国传统文化的人分享，让这些传世佳作滋养更多人的心灵。

2012年6月

目录

《史记》人物__060

鲁迅文选、名言__103

经典名句、诗句__149

蒙学经典

三字经

人之初，性本善。性相近，习相远。

【解析】人生下来的时候，本性都是善良的。善良的本性彼此相近，只是由于后天的成长、学习环境不一样，性情也就有了善与恶及好与坏的差别。

苟不教，性乃迁。教之道，贵以专。

【解析】如果从小不好好教育，善良的本性就会变坏。在教育的诸多规律中，最重要的就是教育孩子要专心致志。

昔孟母，择邻处。子不学，断机杼（zhù）。

【解析】战国时，孟子的母亲曾三次搬家，都是为了使孟子有个好的学习环境。有一次孟子逃学，孟母就割断织机的布来教育他。

窦燕山，有义方。教五子，名俱扬。

【解析】五代时，燕山人窦禹钧教育儿子很有方法。他教育的五个儿子都很有成就，同时科举成名。

养不教，父之过。教不严，师之惰。

【解析】仅仅是供养儿女吃穿，而不好好教育，是父亲的过错。只是教育，而不严格要求，是老师的懒惰。

子不学，非所宜。幼不学，老何为？

【解析】小孩子不肯好好学习，是很不应该的。一个人倘若小时候不好好学习，到老了的时候既不懂做人的道理，又无知识，能有什么作为呢？

玉不琢，不成器。人不学，不知义。

【解析】玉不打磨雕刻，不会成为精美的器物。人若是不学习，就不懂得礼节道义。

为人子，方少时。亲师友，习礼仪。

【解析】做儿女的，从小时候起就要亲近良师益友，从他们那里学习为人处世的礼节和知识。

香九龄，能温席。孝于亲，所当执。

【解析】黄香九岁时就知道孝敬父亲，替父亲暖被窝。这是每个孝顺父母的人都应该效仿的。

融四岁，能让梨。弟于长，宜先知。

【解析】孔融四岁时就知道把大的梨让给哥哥吃。这种敬爱兄长的美德，是每个人从小就应该知道的。

首孝悌（tì），次见闻。知某数，识某文。

【解析】一个人首先要学的是孝敬父母和兄弟友爱的道理，接下来才是学习看到和听到的知识。并且要知道基本的算术，能认识文字，阅读文章。

一而十，十而百，百而千，千而万。

【解析】一到十是基本的数字，然后十个十是一百，十个一百是一千，十个一千是一万……一直变化下去。

三才者，天地人。三光者，日月星。

【解析】三才指的是天、地、人三个方面。三光就是太阳、月亮和星星。

三纲者，君臣义，父子亲，夫妇顺。

【解析】三纲是人与人之间的关系应该遵守的三个行为准则，就是君王与臣子的言行要合乎义理，父母子女之间要相亲相爱，夫妻之间要和顺相处。

曰春夏，曰秋冬。此四时，运不穷。

【解析】说到春夏秋冬，这叫做四季。这四时季节不断变化，春去夏来，秋去冬来，如此循环往复，永不停止。

曰南北，曰西东。此四方，应乎中。

【解析】说到东、南、西、北，这叫做“四方”。这四个方位，基准在于中央位置。

曰水火，木金土。此五行，本乎数。

【解析】至于说到“五行”，那就是金、木、水、火、土。五行相生相克遵循一定的规律。

曰仁义，礼智信。此五常，不容紊（wěn）。

【解析】如果所有的人都能以仁、义、礼、智、信这五种不变的法则作为处世做人的标准，社会就会永葆祥和。因此，每个人都应遵守，不可怠慢疏忽。

稻粱菽（shū），麦黍稷（shǔ jì）。此六谷，人所食。

【解析】像稻子、小麦、豆类、玉米和高粱，这叫“六谷”，是我们日常生活中的重要食品。

马牛羊，鸡犬豕（shǐ）。此六畜，人所饲。

【解析】马、牛、羊、鸡、狗和猪，这叫“六畜”。这些动物本来都是野生的，后来才被人们渐渐驯化。

曰喜怒，曰哀惧。爱恶（wù）欲，七情具。

【解析】高兴叫做“喜”，生气叫做“怒”，悲伤叫做“哀”，害怕叫做“惧”，心里喜欢叫做“爱”，讨厌叫做“恶”，欲望叫做“欲”，合起来叫做“七情”。这是人生下来就有的七种感情。

匏（páo）土革，木石金，丝与竹，乃八音。

【解析】我国古代人把匏笙、陶埙、皮鼓、木柷、石磬、金钟、琴瑟与笛箫，称为“八音”。

高曾祖，父而身，身而子，子而孙。

【解析】高祖父生曾祖父，曾祖父生祖父，祖父生父亲，父亲生我，我生儿子，儿子再生孙子。

自子孙，至玄曾。乃九族，人之伦。

【解析】由自己的儿子、孙子再接下去，就是曾孙和玄孙。从高祖父到玄孙称为“九族”。这“九族”代表着人的长幼尊卑秩序和家族血统的承续关系。

父子恩，夫妇从。兄则友，弟则恭。

【解析】父亲与儿子之间要注重恩情，夫妻之间的感情要和顺。哥哥对弟弟要友爱，弟弟对哥哥则要尊敬。

长幼序，友与朋。君则敬，臣则忠。

【解析】年长的和年幼的交往要注意长幼尊卑的次序，朋友相处应该互相讲信用。如果君主能尊重他的臣子，臣子就会对他忠心耿耿了。

此十义，人所同。当师叙，勿违背。

【解析】前面提到的十义——父慈、子孝、夫和、妻顺、兄友、弟恭、朋信、友义、君敬、臣忠，这是人人都应遵守的，千万不能违背。

凡训蒙，须讲究。详训诂，明句读（dòu）。

【解析】启蒙教育必须讲究。凡是教导刚入学的儿童的老师，必须把每个字都讲清楚，每句话都要解释明白，并且使学童读书时懂得标点断句。

为学者，必有初。小学终，至四书。

【解析】一个有志于学的人，一开始就要打好基础。“文字学”过了关，掌握了字形、字音、字义，才可以读“四书”。

《论语》者，二十篇。群弟子，记善言。

【解析】《论语》这本书共有二十篇，是一部孔子的弟子记载有关孔子及其弟子言论的书。

《孟子》者，七篇止。讲道德，说仁义。

【解析】《孟子》这本书是孟轲所作，共分七篇，宣扬道德仁义等优良德行。

作《中庸》，子思笔。中不偏，庸不易。

【解析】写作《中庸》这本书的是子思。“中”是指不偏不倚，“庸”是指平和不变。

作《大学》，乃曾（zēng）子。自修齐，至平治。

【解析】写作《大学》这本书的是曾参。他提出了“修身、齐家、治国、平天下”的主张。

《孝经》通，四书熟。如六经，始可读。

【解析】把《孝经》的道理弄明白了，“四书”读熟了，才可以去读“六经”这样深奥的书。

《诗》《书》《易》，《礼》《春秋》。号六经，当讲求。

【解析】《诗》《书》《易》《礼》《春秋》，再加上《乐》，合称“六经”，这是中国古代儒家的重要经典，应当仔细阅读。

有《连山》，有《归藏》，有《周易》，三易详。

【解析】《连山》《归藏》《周易》，是我国古代的三部书，是用“卦”的形式来说明宇宙间万事万物循环变化的道理的书籍。

有典谟，有训诰（gào），有誓命，《书》之奥。

【解析】《尚书》的内容分为六个部分：一典，即政典，立国的基本原则；二谟，即治国谋略；三训，即大臣的训言；四诰，即国君的通告；五誓，即起兵文告；六命，即国君的命令。文字深奥。

我周公，作《周礼》。著六官，存治体。

【解析】周公创作了《周礼》，其中记载着当时六类官制以及国家的组成情况。

大小戴，注《礼记》。述圣言，礼乐备。

【解析】戴德和戴圣整理并且注释《礼记》，传述和阐扬了圣贤的著作，这使后代人知道了前代的典章制度和有关礼乐的情形。

曰《国风》，曰《雅》《颂》。号四诗，当讽咏。

【解析】《国风》《大雅》《小雅》《颂》，合称为“四诗”，它是一种内容丰富、感情深切的诗歌，应当击节吟诵。

《诗》既亡，《春秋》作。寓褒贬，别善恶。

【解析】后来随着周朝的衰落，《诗经》也跟着被冷落了，诗经的精神已经不在。因此孔子就编订了《春秋》。在这本书中隐含着对现实政治的褒贬，目的是辨别善恶。

三传者，有《公羊》，有《左氏》，有《穀梁》。

【解析】三传就是公羊高所著的《公羊传》、左丘明所著的《左传》和穀梁赤所著的《穀梁传》，它们都是解释《春秋》的书。

经既明，方读子。撮（cuō）其要，记其事。

【解析】经传都读熟了，方可读子书。子书繁杂，必须选择比较重要的来读，并且要记住每件事的本末因果。

五子者，有荀扬。文中子，及老庄。

【解析】诸子名家的“五子”是指荀子、扬子、文中子、老子和庄子。

经子通，读诸史。考世系，知终始。

【解析】经书和子书读熟了以后，再读史书。读史时必须要考究各朝各代的世系，明白它们盛衰的原因，才能从历史中吸取教训。

自羲（xī）农，至黄帝。号三皇，居上世。

【解析】自伏羲氏、神农氏到黄帝，这三位上古时代的帝王都能勤政爱民，非常伟大，因此后人尊称他们为“三皇”。

唐有虞，号二帝。相揖逊，称盛世。

【解析】黄帝之后，有唐尧和虞舜二位帝王。尧认为自己的儿子不肖，而把帝位传给了德才兼备的舜。在两位帝王的治理下，天下太平，人人称颂。

夏有禹，商有汤。周文武，称三王。

【解析】夏朝的开国君主是禹，商朝的开国君主是汤，周朝的开国君主是文王和武王。这几个德才兼备的君王被后人合称为“三王”。

夏传子，家天下。四百载，迁夏社。

【解析】禹把帝位传给自己的儿子，从此天下就为一个家族所有了。经过四百多年，夏被汤灭掉，从而结束了它的统治。

汤伐夏，国号商。六百载，至纣亡。

【解析】商汤讨伐夏桀，定国号为商。商朝存在了六百年左右，到纣王的时候灭亡。

周武王，始诛纣。八百载，最长久。

【解析】周武王起兵灭掉商朝，杀死纣王，建立周朝。周朝的历史最长，前后延续了八百多年。

周辙东，王纲坠。逞干戈，尚游说（shuì）。

【解析】自从周平王东迁国都后，对诸侯的控制力就越来越弱了。诸侯国之间时常发生战争，而游说之士也开始大行其道。

始春秋，终战国。五霸强，七雄出。

【解析】东周分为两个阶段：一是春秋时期，一是战国时期。春秋时的齐桓公、宋襄公、晋文公、秦穆公和楚庄王号称“五霸”。战国的齐、楚、燕、韩、赵、魏、秦号称“七雄”。

嬴秦氏，始兼并。传二世，楚汉争。

【解析】战国末年，秦国的势力日渐强大，把其他诸侯国都灭掉了，建立了统一的秦朝。秦传到二世胡亥，天下又开始大乱，最后形成楚汉相争的局面。

高祖兴，汉业建。至孝平，王莽篡（cuàn）。

【解析】汉高祖打败了项羽,建立汉朝。汉朝的帝位到了平帝时,就被王莽篡夺了。

光武兴，为东汉。四百年，终于献。

【解析】王莽篡权，改国号为新，天下大乱。光武帝刘秀起兵中兴，恢复国号为汉，史称“东汉”。两汉延续四百余年，到汉献帝的时候灭亡。

魏蜀吴，争汉鼎。号三国，迄（qì）两晋。

【解析】东汉末年，魏国、蜀国、吴国争夺天下，形成三国相争的局面。后来魏国灭了蜀国和吴国，但被司马炎篡夺了帝位，建立了晋朝。晋又分为东晋和西晋两个时期。

宋齐继，梁陈承。为南朝，都（dū）金陵。

【解析】晋朝王室南迁以后，不久就衰亡了，继之而起的是南北朝。南朝包括宋、齐、梁、陈，国都都建在金陵。

北元魏，分东西。宇文周，与高齐。

【解析】北朝先有北魏，后来分裂成东魏和西魏。西魏被宇文觉篡了位，建立了北周；东魏被高洋篡了位，建立了北齐。

迨至隋，一土宇。不再传，失统绪。

【解析】杨坚重新统一了中国，建立了隋朝，历史上称他为“隋文帝”。他的儿子隋炀帝杨广即位后，荒淫无道，隋朝很快就灭亡了。

唐高祖，起义师。除隋乱，创国基。

【解析】唐高祖李渊，兴起仁义之师。他清除了隋末之乱，取得了天下，建立起唐朝。

二十传，三百载。梁灭之，国乃改。

【解析】唐朝的统治近三百年，总共传了二十多位皇帝。后来朱全忠篡位，建立了梁朝，唐朝从此灭亡。为了和南北朝时期的梁相区别，历史上称之为“后梁”。

梁唐晋，及汉周。称五代，皆有由。

【解析】后梁、后唐、后晋、后汉和后周五个朝代的更替时期，历史上称作“五代”，这五个朝代的更替都有着一定的原因。

炎宋兴，受周禅。十八传，南北混。

【解析】赵匡胤接受了后周“禅让”的帝位，建立宋朝。宋朝传了十八个皇帝之后，北方的少数民族南下侵扰，结果又成了南北混战的局面。

辽与金，帝号纷。迨灭辽，宋犹存。

【解析】北方的辽人和金人，纷纷建国称帝。等到金国灭了辽国，南边的宋朝依然存在。

至元兴，金绪歇。有宋世，一同灭。

【解析】后来元朝兴起，灭掉了金国。继金之后，宋朝也被元朝灭掉了。

并中国，兼戎狄。九十年，国祚废。

【解析】元朝统一了中国，同时兼并了少数民族地区。传国九十余年后，最终帝位被废弃。

明太祖，久亲师。传建文，方四祀。

【解析】明太祖朱元璋亲自率兵灭掉了元朝，建立了明朝。朱元璋死后传位给孙子朱允炆，号“建文”，朱允炆只做了四年皇帝，就被其叔明成祖夺了皇位。

迁北京，永乐嗣。迨崇祯，煤山逝。

【解析】明成祖将国都由南京迁到北京，并改年号为永乐。到崇祯皇帝时，李自成攻入北京，崇祯皇帝朱由检在煤山上吊自尽，明朝从此灭亡。

清太祖，膺景命。靖四方，克大定。

【解析】清太祖努尔哈赤，禀承上天的授命。他平定了女真部落全境，完成了开国重任。

至世祖，乃大同。十二世，清祚终。

【解析】至顺治帝时，统一中国。清朝传位十二世，至宣统帝时灭亡。

读史者，考实录。通古今，若亲目。

【解析】读历史的人，应该更进一步地去翻阅历史资料。了解古往今来事情的前因后果，就好像是自己亲眼所见一样。

口而诵，心而惟。朝于斯，夕于斯。

【解析】我们读书学习，要有恒心，要一边读，一边用心去思考。只有早晚都把心思用到学习上，才能真正学好。

昔仲尼，师项橐（tuó）。古圣贤，尚勤学。

【解析】从前，孔子是个十分好学的人，当时鲁国有一个神童，名叫项橐，孔子就曾向他学习。像孔子这样伟大的圣贤，尚不忘勤学，何况我们普通人呢？

赵中令，读鲁论。彼既仕，学且勤。

【解析】宋朝时的赵中令——赵普官已经做到中书令了，还天天手不释卷地阅读《论语》，不因为自己已经当了高官，而忘记勤奋学习。

披蒲编，削竹简。彼无书，且知勉。

【解析】西汉时路温舒把文字抄在蒲草上阅读，公孙弘将经书刻在竹子削成的竹片上。他们两人都很穷，买不起书，但还不忘勤奋学习。

头悬梁，锥刺股。彼不教，自勤苦。

【解析】汉朝的孙敬读书时把自己的头发拴在屋梁上以免打瞌睡，战国时的苏秦读书每到疲倦时就用锥子刺大腿。他们不用别人督促而自觉勤奋苦读。

如囊（náng）萤，如映雪。家虽贫，学不辍。

【解析】晋朝人车胤把萤火虫放在纱袋里照明读书，孙康则利用积雪的反光来读书。他们两人家境贫苦，却能在艰苦条件下继续求学。

如负薪，如挂角。身虽劳，犹苦卓。

【解析】汉朝的朱买臣以砍柴维持生活，每天边担柴边读书。隋朝李密放牛时把书挂在牛角上，有时间就读。他们在艰苦的环境里仍坚持读书。

苏老泉，二十七。始发愤，读书籍。

【解析】唐宋八大家之一的苏洵，号老泉，小时候不想念书，到了二十七岁的时候，才开始下决心努力学习，后来成了大学问家。

彼既老，犹悔迟。尔小生，宜早思。

【解析】像苏洵上了年纪，才后悔当初没好好读书，而我们年纪轻轻，更应该把握大好时光，发奋读书，才不至于将来后悔。

若梁灏，八十二。对大廷，魁多士。

【解析】宋朝有个梁灏，在八十二岁时才考中状元，在金殿上对皇帝提出的问题对答如流，所有参加考试的人都不如他。

彼既成，众称异。尔小生，宜立志。

【解析】梁灏这么大年纪，尚能获得成功，不能不使大家感到惊异，钦佩他的好学不倦。而我们应该趁着年轻的时候，立定志向，努力用功。

莹八岁，能咏诗。泌七岁，能赋棋。

【解析】北齐有个叫祖莹的人，八岁就能吟诗。唐朝有个叫李泌的人，七岁时就能以下棋为题而作出诗赋。

彼颖悟，人称奇。尔幼学，当效之。

【解析】他们两个人的聪明和才智，在当时很受人们的赞赏和称奇。现在我们正处于求学的开始，应该效法他们，努力用功读书。

蔡文姬，能辨琴。谢道韫，能咏吟。

【解析】在古代有许多出色的女才人，像东汉末年的蔡文姬能分辨琴声好坏，晋朝的谢道韫则能出口成诗。

彼女子，且聪敏。尔男子，当自警。

【解析】像这样两个女子，一个懂音乐，一个会作诗，天资如此聪慧。身为一个男子汉，更要时时警惕，充实自己才对。

唐刘晏，方七岁。举神童，作正字。

【解析】唐玄宗时，有一个名叫刘晏的小孩子，只有七岁，就被推举为“神童”，并且做了负责刊正文字的官。

彼虽幼，身已仕。尔幼学，勉而致。有为者，亦若是。

【解析】刘晏虽然年纪这么小，但却已经做官。你们年龄相同，努力也能成功。凡有作为之人，都能千古传诵。

犬守夜，鸡司晨。苟不学，曷为人？

【解析】狗在夜间会替人看守家门，鸡在每天早晨天亮时报晓。人如果不能用心学习，还有什么资格称为“人”呢？

蚕吐丝，蜂酿蜜。人不学，不如物。

【解析】蚕吐丝以供我们做衣料，蜜蜂可以酿制蜂蜜，供人们食用。而人要是不懂得学习，以自己的知识、技能来实现自己的价值，真不如这些动物。

幼而学，壮而行。上致君，下泽民。

【解析】我们要在幼年时努力学习，不断充实自己，长大后能够学以致用，替国家效力，为人民谋福利。

扬名声，显父母。光于前，裕于后。

【解析】这样不仅自己可以名声显扬，而且父母也可以因你而感到荣耀。给祖先增添了光彩，也给后代留下了好的榜样。

人遗子，金满籝（yíng）。我教子，唯一经。

【解析】有的人遗留给子孙后代的是金银钱财，而我教育儿孙，仅有此三字经。

勤有功，戏无益。戒之哉，宜勉力。

【解析】凡是勤奋上进的人，都会有收获，而只顾贪玩、浪费了大好时光的人，一定会后悔。必须以此为戒，勉励自己成才。

千字文

天地玄黄，宇宙洪荒。日月盈昃（zè），辰宿（xiù）列张。

【解析】天是青黑色的，地是黄色的，宇宙形成于混沌蒙昧的状态中。太阳正了又斜，月亮圆了又缺，星辰有序地排列在无边的太空中。

寒来暑往，秋收冬藏。闰余成岁，律吕调阳。云腾致雨，露结为霜。

【解析】寒暑循环变换，来了又去，去了又来；秋天收割庄稼，冬天储藏粮食。古人用闰日闰月来调整历法纪年，用六律六吕来调节阴阳。云气上升遇冷就形成了雨，夜里露水遇冷就凝结成霜。

金生丽水，玉出昆冈。剑号巨阙，珠称夜光。果珍李柰（nài），菜重芥姜。海咸河淡，鳞潜羽翔。

【解析】黄金产在金沙江，玉石出在昆仑山岗。最锋利的宝剑叫“巨阙”，最贵重的明珠叫“夜光”。水果里最珍贵的是李子和柰子，蔬菜中最重要的是芥菜和生姜。海水是咸的，河水是淡的，鱼儿在水中潜游，鸟儿在空中飞翔。

龙师火帝，鸟官人皇。始制文字，乃服衣裳。

【解析】龙师即伏羲，火帝是炎帝，鸟官乃少昊，人皇为古帝。仓颉（jié）创制了文字，嫘（léi）祖教百姓制作了衣裳。

推位让国，有虞陶唐。吊民伐罪，周发殷汤。

【解析】唐尧、虞舜英明无私，主动把君位禅让给功臣贤人。安抚百姓、讨伐暴君的是周武王姬发和商王成汤。

坐朝问道，垂拱平章。爱育黎首，臣伏戎羌。遐迩（xiá ěr）一体，率宾归王。

【解析】贤明的君主坐在朝廷上向大臣们询问治国之道，垂衣拱手，毫不费力就能使天下太平，功绩彰著。他们爱抚、体恤老百姓，使四方各族俯首称臣。无论远近都统一成了一个整体，所有百姓都服服帖帖地归顺于他的统治。

鸣凤在竹，白驹（jū）食场。化被（bèi）草木，赖及万方。

【解析】凤凰在竹林中欢乐地鸣叫，小白马在草场上自由自在地吃着草。圣君贤王的仁德之治使草木都沾受了恩惠，恩泽遍及天下百姓。

盖此身发，四大五常。恭惟鞠（jū）养，岂敢毁伤。

【解析】人的身体发肤关系到天地伦常。诚敬地想着父母的养育之恩，哪里还敢毁坏损伤它。

女慕贞洁，男效才良。知过必改，得能莫忘。

【解析】女子要仰慕贞洁妇女，男子要仿效那些德才兼备的人。知道自己有过错，一定要改正；不可荒废已掌握的技能。

罔谈彼短，靡恃己长。信使可覆，器欲难量。

【解析】不要谈论别人的短处，也不要倚仗自己有长处就不思进取。诚信要经得起考验，器度要大到让人难以估量。

墨悲丝染，《诗》赞羔羊。景行维贤，克念作圣。

【解析】墨子悲叹白丝容易染上杂色，《诗经》赞颂羔羊能始终保持洁白。高尚的德行，唯有向圣贤看齐；克制私欲，就能与圣贤比肩。

德建名齐，形端表正。空谷传声，虚堂习听。

【解析】养成了好的道德，就会有好的名声，就如同形体端庄了，仪表就有威仪一样。空旷的山谷中呼喊声传得很远，宽敞的厅堂里说话声非常清晰。

祸因恶积，福缘善庆。尺璧非宝，寸阴是竞。

【解析】灾祸是作恶多端的结果，福禄是乐善好施的回报。一尺长的美玉不能算是真正的宝贝，而即使是片刻时光也值得珍惜。

资父事君，曰严与敬。孝当竭力，忠则尽命。

【解析】奉养父亲，侍奉君主，要严肃而恭敬。孝顺父母应当竭尽全力，忠于君主要不惜献出生命。

临深履薄，夙兴温凊（qìng）。似兰斯馨，如松之盛。

【解析】要“如临深渊，如履薄冰”那样小心谨慎；要早起晚睡，冬天温被，夏天扇席。让自己的德行像兰草那样清香，像松柏那样茂盛。

川流不息，渊澄取映。容止若思，言辞安定。

【解析】大河川流不息，碧潭清澄照人。仪容举止要沉静安详，言语措辞要稳重，显得从容沉静。

笃（dǔ）初诚美，慎终宜令。荣业所基，藉甚无竟。

【解析】无论修身、求学，重视开头固然不错，但认真去做，有好的结果更为重要。这是一生荣誉和事业的基础，有此根基，发展就没有止境。

学优登仕，摄（shè）职从政。存以甘棠，去而益咏。

【解析】书读好了就能做官，可以行使职权，参与国政。做官要像召伯一样：周人留下了为他遮阳的甘棠树，他过世后老百姓对他更加怀念歌咏。

乐殊贵贱，礼别尊卑。上和下睦，夫唱妇随。

【解析】音乐要根据人们身份的贵贱而有所不同，礼节要根据人们地位的高低而有所区别。上下要和睦相处，夫妇要唱和相随。

外受傅训，入奉母仪。诸姑伯叔，犹子比儿。

【解析】在外接受师傅的训诲，在家遵从父母的教导。对待姑姑、伯伯、叔叔等长辈，要像他们的亲生子女一样。

孔怀兄弟，同气连根。交友投分，切磨箴规。

【解析】兄弟之间要相互关心，因为同受父母血气，如同树枝相连。结交朋友要意气相投，要能在学习上互相切磋，品行上互相告勉。

仁慈隐恻，造次弗离。节义廉退，颠沛匪亏。

【解析】仁义、慈爱、对人的恻隐之心，在任何时候、任何地方都不能抛离。气节、正义、廉洁、谦让这些品德，在最穷困潦倒的时候也不可亏缺。

性静情逸，心动神疲。守真志满，逐物意移。坚持雅操，好爵自縻（mí）。

【解析】保持内心清静平定，情绪就会安逸舒适；心为外物所动，精神就会疲惫困倦。保持自然本性，就会知足常乐；追求物欲享受，意志就会转移、改变。坚定地保持着高雅情操，不要被爵禄所累。

都邑（yì）华夏，东西二京。背邙（máng）面洛，浮渭据泾。

【解析】中国古代的都城，论华美壮观要属东京洛阳和西京长安。洛阳北靠邙山，面临洛水；长安北临渭水，远据泾河。

宫殿盘郁，楼观飞惊。图写禽兽，画彩仙灵。丙舍傍启，甲帐对楹。

【解析】宫殿回环曲折，楼台宫阙凌空欲飞，使人心惊。宫殿里画着飞禽走兽，还有彩绘的天仙神灵。正殿两边敞开着嫔妃的厢房，豪华的帐幕被高高的楹柱撑起。

肆筵设席，鼓瑟吹笙。升阶纳陛，弁转疑星。

【解析】宫殿里摆着酒席，弹琴吹笙一片欢腾。官员们上下台阶互相祝酒，珠帽转动，像满天的星斗。

右通广内，左达承明。既集坟典，亦聚群英。

【解析】右面通向用以藏书的广内殿，左面到达朝臣休息的承明殿。这里收藏了很多的典籍名著，也聚集着成群的文武英才。

杜稿钟隶，漆书壁经。府罗将相，路侠槐卿。

【解析】里边有杜度草书的手稿和钟繇隶书的真迹，有漆简《尚书》以及曲阜孔庙墙壁内发现的古文经书。京城内将相的府第星罗棋布，大夫公卿的宅所尽显威风。

户封八县，家给千兵。高冠陪辇（niǎn），驱毂（gǔ）振缨。世禄侈富，车驾肥轻。策功茂实，勒碑刻铭。

【解析】他们每家都有八县以上的封地，有上千名的侍卫武装。戴着高大帽子的官员们陪着皇帝出游，驾着车马，帽带飘舞着，好不威风。他们的子孙世代领受俸禄，奢侈豪富，出门时轻车肥马，春风得意。朝廷还详尽、确实地记载他们的功德，刻在碑石上流传后世。

磻（pán）溪伊尹，佐时阿衡。奄宅曲阜，微旦孰营？

【解析】周武王磻溪遇吕尚，尊他为“太公望”；伊尹辅佐时政，商汤王封他为“阿衡”。周成王占领了古奄国曲阜一带，要不是周公旦辅政，哪里能把鲁国经营成这样？

桓公匡合，济弱扶倾。绮回汉惠，说感武丁。

【解析】齐桓公匡正天下诸侯，帮助弱小，拯救危亡。汉惠帝做太子时靠绮里季才幸免废黜，商君武丁感梦而得贤相傅说。

俊乂（yì）密勿，多士寔（shí）宁。晋楚更霸，赵魏困横。

【解析】贤才勤奋谨慎，百官各安其位。晋文公、楚庄王先后称霸，赵国、魏国受困于连横。

假途灭虢（guó），践土会盟。何遵约法，韩弊烦刑。

【解析】晋国向虞国借路去消灭虢国，晋文公在践土召集诸侯歃血会盟。萧何遵奉汉高祖简约的法律，韩非惨死在他自己所主张的苛刑之下。

起翦（jiǎn）颇牧，用军最精。宣威沙漠，驰誉丹青。

【解析】秦将白起、王翦，赵将廉颇、李牧，用兵作战最为精通。他们的声威远扬到北方的沙漠，青史永留美名。

九州禹迹，百郡秦并。岳宗泰岱（dài），禅主云亭。

【解析】九州之内都留下了大禹治水的足迹，全国各郡在秦并六国后归于统一。五岳以泰山为尊，历代帝王都在云云山和亭亭山主持禅礼。

雁门紫塞，鸡田赤城。昆池碣石，巨野洞庭。

【解析】名关有北疆雁门，要塞有万里长城，驿站有边地鸡田，奇山有天台赤城。赏池赴昆明滇池，观海临河北碣石，看泽去山东巨野，望湖上湖南洞庭。

旷远绵邈，岩岫杳冥。治本于农，务兹稼穑。

【解析】中国的土地辽阔遥远，没有穷极，名山奇谷幽深秀丽，气象万千。把农业作为治国的根本，一定要重视播种与收获。

俶（chù）载南亩，我艺黍稷。税熟贡新，劝赏黜（chù）陟（zhì）。

【解析】一年的农活从春季开始，种植五谷忙不停。收获季节，用刚熟的新谷交纳税粮，庄稼种得好的受到表彰和赏赐，种得不好的就要受到处罚。

孟轲敦素，史鱼秉直。庶几中庸，劳谦谨敕。

【解析】孟子崇尚朴素，史鱼秉性刚直。做人要尽可能合乎中庸的标准，必须勤劳谦逊，谨慎检点。

聆音察理，鉴貌辨色。贻厥嘉猷（yóu），勉其祗（zhī）植。

【解析】听人说话要审察其中的道理，与人交往要会辨察对方脸色的变化。要给人家留下正确、高明的忠告和建议，勉励别人谨慎、小心地处世立身。

省躬讥诫，宠增抗极。殆辱近耻，林皋（gāo）幸即。

【解析】听到别人的讥讽、告诫，要反省自身；备受恩宠不要得意忘形，对抗权威。如果知道有危险、耻辱的事快要发生，就退隐山林，还可以幸免于祸。

两疏见机，解组谁逼。索居闲处，沉默寂寥。

【解析】汉代疏广、疏受叔侄见机归隐，有谁逼迫他们辞去官职呢？离君独居，悠闲度日，不用多费唇舌，清静无为。

求古寻论，散虑逍遥。欣奏累遣，戚谢欢招。

【解析】探求古人古事，思考至理名言，就可以排除杂念，自在逍遥。喜悦增添，烦累自然排遣，消除无尽的烦恼，自然得来无限的快乐。

渠荷的（dì）历，园莽抽条。枇杷晚翠，梧桐蚤（zǎo）凋。

【解析】池塘中的荷花开得多么鲜艳，园林内的青草抽出嫩芽。到了冬天枇杷叶子还是绿的，梧桐一到秋天叶子就凋零了。

陈根委翳（yì），落叶飘摇。游鹍独运，凌摩绛霄。

【解析】老树根蜿蜒曲折，落叶在秋风里四处飘荡。只有远游的鲲鹏独立翱翔，直冲布满彩霞的云霄。

耽读玩市，寓目囊箱。易輶（yóu）攸（yōu）畏，属耳垣（yuán）墙。

【解析】汉代王充在街市上沉迷留恋于读书，眼睛注视的全是书袋和书籍。换了轻便的车子要注意危险，说话要防止隔墙有耳。

具膳餐饭，适口充肠。饱饫烹宰，饥厌糟糠。

【解析】平时的饭菜，要适合口味，让人吃得饱。饱的时候自然追求大鱼大肉，饿的时候应当满足于粗菜淡饭。

亲戚故旧，老少异粮。妾御绩纺，侍巾帷房。

【解析】亲属、朋友会面要盛情款待，长幼有别，款待饭菜不可一样。妻妾要在家织麻纺布，尽心恭敬地服侍好丈夫。

纨（wán）扇圆絜（jié），银烛炜煌。昼眠夕寐，蓝笋象床。

【解析】圆圆的绢扇洁白素雅，白白的蜡烛明亮辉煌。白日小憩，晚上就寝，有青篾编成的竹席和象牙雕屏的床榻。

弦歌酒宴，接杯举觞（shāng）。矫手顿足，悦豫且康。

【解析】奏着乐，唱着歌，摆酒开宴；接过酒杯，开怀畅饮。情不自禁地手舞足蹈，真是又快乐、又安康。

嫡后嗣续，祭祀烝尝。稽颡（sǎng）再拜，悚惧恐惶。

【解析】子孙一代一代传续，四时祭祀不能懈怠。跪着磕头，拜了再拜；礼仪要周全恭敬，心情要悲痛虔诚。

笺（jiān）牒简要，顾答审详。骸（hái）垢想浴，执热愿凉。

【解析】给人的书信要简明扼要，回答别人的问题时要审慎周详。身上脏了就想洗个澡，捧着热东西就希望有风把它吹凉。

驴骡犊特，骇跃超骧（xiāng）。诛斩贼盗，捕获叛亡。

【解析】家里有了灾祸，连驴子、骡子等大小牲口都会受惊，狂蹦乱跳，东奔西跑。官府诛杀盗贼，捕获叛乱分子和亡命之徒。

布射僚丸，嵇琴阮啸。恬笔伦纸，钧巧任钓。

【解析】吕布善于射箭，熊宜僚善玩弹丸，嵇康善于弹琴，阮籍善于撮口长啸。蒙恬制造了毛笔，蔡伦发明了造纸，马钧发明了水车，任公子善于钓鱼。

释纷利俗，竝（bìng）皆佳妙。毛施淑姿，工颦（pín）妍（yán）笑。

【解析】他们或者善于为人解决纠纷，或者善于发明创造，皆有利于社会，这些都非常好。毛嫱、西施，姿容姣美，哪怕皱着眉头，也像是在美美地笑。

年矢（shǐ）每催，曦晖朗曜（yào）。璇玑（xuán jī）悬斡（wò），晦魄环照。指薪修祜（hù），永绥吉劭。

【解析】青春易逝，岁月匆匆，催人渐老，只有太阳的光辉永远朗照。高悬的北斗随着四季变换转动，明晦的月光洒遍人间每个角落。顺应自然，修德积福，永远平安，多么美好。

矩步引领，俯仰廊庙。束带矜（jīn）庄，徘徊瞻眺。

【解析】心地坦然，方可以昂头迈步，一举一动都像在朝廷中一样仪表庄重。衣带穿着整齐端庄，举止从容，高瞻远瞩。

孤陋寡闻，愚蒙等诮（qiào）。谓语助者，焉哉乎也。

【解析】臣实在孤陋寡闻，愚笨蒙昧让人耻笑。说到古书中的语助词，那就是“焉”“哉”“乎”“也”了。

弟子规

总　叙

《弟子规》，圣人训。首孝悌，次谨信。

泛爱众，而亲仁。有余力，则学文。

【解析】《弟子规》这本书，是依据“至圣先师”孔子的教诲而编成的。首先要做到孝顺父母，友爱兄弟姊妹，其次要谨慎诚信。和大众相处时要平等博爱，并且亲近有仁德的人。做到这些之后，如果还有多余的时间、精力，就应该好好学习。

入则孝　出则悌

父母呼，应勿缓；父母命，行勿懒。

父母教，须敬听；父母责，须顺承。

【解析】父母呼唤，应及时回答，不要慢吞吞地很久才应答。父母有事交代，要立刻动身去做,不可拖延或偷懒。父母教导我们时,我们应该恭敬地聆听。做错了事，父母责备教诫时，应当虚心接受，不可强词夺理。

冬则温，夏则清，晨则省，昏则定。

出必告，反必面，居有常，业无变。

【解析】侍奉父母要用心体贴，“二十四孝”中的黄香，为了让父亲安心睡眠，冬天睡前会为父亲暖被窝，夏天会帮父亲把床铺扇凉，实在值得我们学习。早晨起床之后，应该先探望父母，并向父母问好，黄昏回家之后，要向父母报平安，使老人家放心。外出时，要告诉父母到哪里去；回家后还要当面禀报，让父母安心。平时起居作息要有规律，不要任意改变。

事虽小，勿擅为，苟擅为，子道亏。

物虽小，勿私藏，苟私藏，亲心伤。

【解析】纵然是小事，也不要擅自决定，而不向父母禀告；如果任性而为，就有损为人子女的本分。公物虽小，也不可以私自占为己有；如果私藏，品德就有缺失，父母知道了一定很伤心。

亲所好，力为具；亲所恶，谨为去。
身有伤，贻亲忧；德有伤，贻亲羞。
亲爱我，孝何难？亲恶我，孝方贤。
亲有过，谏使更，怡吾色，柔吾声。
谏不入，悦复谏，号泣随，挞无怨。

【解析】父母所喜好的东西，应该尽力去准备；父母所厌恶的事物，要小心谨慎地去除。要爱护自己的身体，不要使身体轻易受到伤害，让父母忧虑；要注重自己的品德修养，不可以做出伤风败德的事，使父母亲蒙受耻辱。当父母喜爱我们的时候，孝顺是很容易的事；当父母不喜欢我们或者管教过于严厉的时候，尽孝才最难能可贵。父母有过错，应小心劝导其改过向善；劝导时要和颜悦色，声音必须柔和。如果父母不听规劝，要耐心等待父母情绪好转或是高兴的时候，再继续劝导，难过得痛哭流涕，也要恳求父母改过，纵然被责打，也无怨言。

亲有疾，药先尝，昼夜侍，不离床。
丧三年，常悲咽，居处变，酒肉绝。
丧尽礼，祭尽诚，事死者，如事生。

【解析】父母生病时，煎药要自己先尝，要昼夜服侍，不可以随便离开。父母去世之后，守孝要满三年，要常常伤心哭泣，自己的生活起居必须改变，一切从简，应该戒绝酒肉。办理父母的丧事要合乎礼节，祭奠要竭尽诚意，对待已经去世的父母，要如同生前一样恭敬。

兄道友，弟道恭，兄弟睦，孝在中。
财物轻，怨何生？言语忍，忿自泯。

【解析】当哥哥姐姐的要友爱弟妹，做弟妹的要懂得尊敬兄姊，兄弟姊妹能和睦相处，一家人和乐融融，孝道就在其中了。与人相处不斤斤计较财物，怨恨就无从生起，言语能够包容忍让，不必要的冲突、怨恨自然消失不生。

或饮食，或坐走，长者先，幼者后。
长呼人，即代叫，人不在，己即到。

【解析】不论饮水吃饭，还是坐卧行走，都应该谦虚礼让，长幼有序，让年长者优先，年幼者在后。长辈有事呼唤人，应代为传唤，如果那个人不在，自己应该主动上前。

称尊长，勿呼名，对尊长，勿见能。
路遇长，疾趋揖，长无言，退恭立。
骑下马，乘下车，过犹待，百步余。

【解析】称呼长辈，不可以直呼姓名，在长辈面前，要谦虚有礼，不可以炫耀自己的才能。路上遇见长辈，应向前问好，长辈没有吩咐，即恭敬地退后并站立一旁，等待长辈离去。不论骑马或乘车，路上遇见长辈均应下马或下车问候，并等到长者离去约百步之后，才可以离开。

长者立，幼勿坐，长者坐，命乃坐。
尊长前，声要低，低不闻，却非宜。
进必趋，退必迟，问起对，视勿移。
事诸父，如事父；事诸兄，如事兄。

【解析】长辈站立时，晚辈应该陪着站立，不可以自行就坐；长辈坐定以后，吩咐坐下才可以坐。与尊长交谈，声音要柔和适中，音量太小让人听不清楚，也是不恰当的。尊长约见，应快步向前，退回去时，必须稍慢一些才合乎礼节。当长辈问话时，必须起身作答，不可以东张西望。对待叔叔、伯伯等尊长，要如同对待自己的父亲一般孝顺恭敬；对待同族的兄长，要如同对待自己的兄长一样友爱尊敬。

谨而信

朝起早，夜眠迟，老易至，惜此时。
晨必盥，兼漱口，便溺回，辄净手。

【解析】为人子应早起晚睡，把握光阴及时努力，岁月不待人，要珍惜时间。早晨起床后，务必洗脸、刷牙、漱口，大小便后，一定要洗手。（养成良好的卫生习惯，才能确保健康）

冠必正，纽必结，袜与履，俱紧切。
置冠服，有定位，勿乱顿，致污秽。
衣贵洁，不贵华，上循分，下称家。
对饮食，勿拣择，食适可，勿过则。

【解析】要注重服装仪容的整齐清洁，戴帽子要戴端正，衣服扣子要扣好，袜子要穿平整，鞋带应系紧。衣、帽、鞋袜都要放在固定的位置，不可乱丢乱放，以免造成脏乱。穿衣服贵在整洁，不必追求华贵，穿着应合乎自己的身份及场合，更要衡量家中的经济状况。日常饮食要注意营养均衡，不可以偏食，三餐常吃八分饱，避免过量。

年方少，勿饮酒，饮酒醉，最为丑。
步从容，立端正，揖深圆，拜恭敬。
勿践阈，勿跛倚，勿箕踞，勿摇髀。

【解析】青少年不可以饮酒，否则，一旦喝醉，失态的样子最丑。走路时步伐应当从容稳重，站立时要抬头挺胸、姿态端正，问候他人时，不论鞠躬或拱手都要真诚恭敬，不能敷衍了事。进出门时脚不要踩到门槛，站立时身体也不要站得歪歪斜斜的，坐的时候不可以叉开两腿，腿更不可以抖动，这些都是很轻浮、傲慢的举动，有失君子风范。

缓揭帘，勿有声，宽转弯，勿触棱。

执虚器，如执盈；入虚室，如有人。

事勿忙，忙多错，勿畏难，勿轻略。

【解析】进入房间时，揭帘子、开门的动作要轻一点、慢一些，避免发出声响。走路转弯大些，应小心不要撞到物品。拿东西时要注意，即使是拿着空的器具，也要像里面装满东西一样，小心谨慎以防跌倒或打破；进入无人的房间，也要像有人在一样，不可以随便。做事不要急急忙忙、慌慌张张，因为忙中容易出错，不要畏苦怕难而犹豫退缩，也不可以草率，随便应付了事。

斗闹场，绝勿近；邪僻事，绝勿问。

将入门，问孰存；将上堂，声必扬。

人问谁？对以名，吾与我，不分明。

【解析】凡是容易发生争吵、打斗的不良场所，都不要靠近，以免受到不良的影响；一些邪恶下流、荒诞不经的事也要做到不听、不看，以免污染了善良的心性。将要入门之前，应先问："有人在吗？"不要冒冒失失就跑进去。进入客厅之前，应先提高声音，让屋内的人知道有人来了。如果屋里的人问："是谁呀？"应该回答名字，而不是回答："我！我！"让人无法分辨"我"是谁。

用人物，须明求，倘不问，即为偷。

借人物，及时还；人借物，有勿悭。

【解析】借用别人的物品，一定要事先请求应允，如果没有事先征求同意就擅自取用，就是偷窃的行为。借来的物品，要及时归还；别人向你借东西，有就不要吝啬。

凡出言，信为先，诈与妄，奚可焉！

话说多，不如少，惟其是，勿佞巧。

刻薄语，秽污词，市井气，切戒之。

【解析】开口说话，要以诚信为先，答应他人的事情，一定要做，没有能力做到的事不能随便答应；至于欺骗或花言巧语，更不能使用！话多不如话少，话少不如话好，说话要恰到好处，谈话内容要实事求是，不要花言巧语。尖酸刻薄的语言、下流肮脏的话以及街头无赖粗俗的口气，都要避免沾染。

见未真，勿轻言；知未的，勿轻传。

事非宜，勿轻诺，苟轻诺，进退错。
凡道字，重且舒，勿急疾，勿模糊。
彼说长，此说短，不关己，莫闲管。

【解析】任何事情在没有看到真相之前，不要轻易发表意见；对事情了解得不够清楚明白时，不可以任意传播，以免造成不良后果。不合义理的事，不要轻易答应；如果轻易允诺，就会使自己进退两难。讲话时要口齿清楚，慢慢讲，不要太快，更不要模糊不清。遇到他人来说是非，听听就算了，事不关己不必多管。

见人善，即思齐，纵去远，以渐跻。
见人恶，即内省，有则改，无加警。

【解析】看见他人的善行义举，要立刻想到向他学习看齐，纵然相差很多，也要下定决心，逐渐赶上。看见别人的缺点或不良的行为，要反躬自省，检讨自己是否也有这些毛病，有则改之，无则加勉。

惟德学，惟才艺，不如人，当自励。
若衣服，若饮食，不如人，勿生戚。
闻过怒，闻誉乐，损友来，益友却。
闻誉恐，闻过欣，直谅士，渐相亲。

【解析】每一个人都应当重视自己的品德、学问和才能技艺的培养，如果感觉到有不如人的地方，应当自我激励，奋发图强。至于外表穿着或者饮食，如果不如他人，则不必放在心上，更没有必要自卑。如果一个人听到别人批评自己就生气，听到别人称赞自己就欢喜，那么坏朋友就会来接近他，真正的良朋益友反而逐渐疏远退却了。反之，如果听到他人的称赞，不但没有得意忘形，反而会自省，唯恐做得不够好，继续努力；当别人批评自己的缺失时，不但不生气，还能欢喜接受，那么正直诚信的人就会渐渐喜欢亲近他了。

无心非，名为错；有心非，名为恶。
过能改，归于无，倘掩饰，增一辜。

【解析】无心之过是错，若是明知故犯便是罪恶。知错能改，可以当作无过，如果为了面子去掩饰，那就是错上加错了。

泛爱众而亲仁

凡是人，皆须爱，天同覆，地同载。
行高者，名自高，人所重，非貌高。
才大者，望自大，人所服，非言大。

【解析】只要是人，就是同类，皆须相亲相爱，国为共享一片蓝天，同有大地承载。德行高尚者，名望自然高超，大家所敬重的是他的德行，不是外表容貌。有才能的人，声望自然不凡，然而人们欣赏佩服的是他的才能，而不是他的言辞惊人。

己有能，勿自私；人所能，勿轻訾。
勿谄富，勿骄贫，勿厌故，勿喜新。
人不闲，勿事搅；人不安，勿话扰。

【解析】当你有能力的时候，不要自私自利，只考虑到自己，舍不得付出；对于他人的才华，不要批评、嫉妒、毁谤。不要去巴结富有的人，也不要在穷人面前骄傲自大；不要喜新厌旧，也不要贪恋新朋友或新事物。对于正在忙碌的人，不要去打扰他；当别人心情不好的时候，不要用闲言闲语干扰他，增加他的烦恼与不安。

人有短，切莫揭；人有私，切莫说。
道人善，即是善，人知之，愈思勉。
扬人恶，即是恶，疾之甚，祸且作。
善相劝，德皆建；过不规，道两亏。

【解析】对于别人的缺点或短处，不要去揭穿；对于他人的隐私，切忌去张扬。赞美他人的善行就是行善，当对方听到你的称赞之后，必定会更加勉励行善。张扬他人的过失或缺点，就是做了一件坏事，如果指责、批评太过分了，还会给自己招来灾祸。朋友之间应该互相规过劝善，共同建立良好的品德修养；如果有错不能互相规劝，两个人的品德都会有缺陷。

凡取与，贵分晓，与宜多，取宜少。
将加人，先问己，己不欲，即速已。

【解析】财物的取得与给予，一定要分辨清楚，要多给别人，自己少拿一些，才能广结善缘，与人和睦相处。事情在加到别人身上之前（要托人做事），先要反省自己，如果连自己都不喜欢，就要立刻停止。

恩欲报，怨欲忘，报怨短，报恩长。
待婢仆，身贵端，虽贵端，慈而宽。
势服人，心不然，理服人，方无言。

【解析】受人恩惠要时时想着报答，别人有对不起自己的事，应该宽大为怀，把它忘掉，怨恨不平的事不要老放在心上；至于别人对我们的恩德，要长记不忘，常思报答。对待家中的婢女与仆人，要注重自己的品行并以身作则，虽然品行端正很重要，但是仁慈宽大更可贵。如果仗势强逼别人服从，对方难免口服心不服，唯有以理服人，别人才会心悦诚服，没有怨言。

同是人，类不齐，流俗众，仁者稀。

果仁者，人多畏，言不讳，色不媚。
能亲仁，无限好，德日进，过日少。
不亲仁，无限害，小人进，百事坏。

【解析】同样是人，善恶邪正、心智高低却是良莠不齐，世俗之人众多，仁慈博爱的人少。如果有一位仁德的人出现，大家自然敬畏他，因为他说话公正无私，又不阿谀谄媚。能够亲近有仁德的人，一生无限美好，因为他会使我们的德行一天比一天进步，过错一天一天减少。如果不肯亲近仁人君子，就会有无穷的祸害，因为不肖的小人会乘虚而入，日积月累，我们的言行举止都会受影响，导致整个人生的失败。

行有余力则以学文

不力行，但学文，长浮华，成何人！
但力行，不学文，任己见，昧理真。

【解析】不能身体力行孝、悌、谨、信、泛爱众、亲仁这些本分，一味死读书，纵然学到一些知识，也只是增长自己浮华不实的习气，怎能为人典范！反之，如果只是一味地做，不肯读书学习，就容易依着自己的偏见做事，蒙蔽了真理，也是不对的。

读书法，有三到，心眼口，信皆要。
方读此，勿慕彼，此未终，彼勿起。
宽为限，紧用功，工夫到，滞塞通。
心有疑，随札记，就人问，求确义。

【解析】说到读书的方法，要注重三到，眼到、口到、心到，三者缺一不可。研究学问，要专一，不能这本书才开始读没多久，又想看其他的书，这样永远也定不下心来，必须把这本书读完，才能读另外一本。在制订读书计划的时候，不妨宽松一些，实际执行时，就要加紧用功，严格执行，不可以懈怠偷懒，日积月累，原先窒碍不通、困顿疑惑之处自然而然就都迎刃而解了。在求学过程中，心里有疑问，应随时做笔记，一有机会，就向良师益友请教，务必确实明白它的含义。

房室清，墙壁净，几案洁，笔砚正。
墨磨偏，心不端，字不敬，心先病。
列典籍，有定处，读看毕，还原处。
虽有急，卷束齐，有缺损，就补之。

【解析】书房要整理清洁，墙壁要保持干净，读书时，书桌上的笔墨纸砚等文具要放置整齐，不能凌乱。写字前要先磨墨，如果心不在焉，墨就会磨偏了；写出来的字如果歪歪斜斜，就表示你浮躁不安，定不下心来。书籍课本应分类排列整齐，放在固定的位置，读诵完毕须放回原处。虽有急事，也要把书本收好再离开，一旦发现缺损就要修补。

非圣书，屏勿视，蔽聪明，坏心志。

勿自暴，勿自弃，圣与贤，可驯致。

【解析】不是传述圣贤言行的著作，都应该摒弃不看，以免智慧遭受蒙蔽，心志变得不健康。遇到困难或挫折的时候，不要自暴自弃，应该发愤向上，努力学习，圣贤境界虽高，循序渐进也是可以达到的。

诸子百家

论 语

1. 敏于事而慎于言。 （《学而》）

【解析】做事要勤快敏捷，说话要谨慎。

【启示】做人要多做实事，少说废话，不乱说话。

2. 夫子温、良、恭、俭、让以得之。 （《学而》）

【解析】孔子每到一个国家，必然听得到那个国家的政事。他就是靠温和、善良、严肃、节俭、谦逊的美德和态度获得的。

【启示】这也是我们求知、做人应具备的品格和态度。

3. 人而无信，不知其可也。 （《为政》）

【解析】一个人不讲信用，不知道他能做什么。

【启示】一个人不讲信用就寸步难行。

4. 学而不思则罔，思而不学则殆。 （《为政》）

【解析】只是读书，却不动脑筋思考，就会茫然不解；只是空想而不去读书，就会疲惫而无所获。

【启示】“学”与“思”是相辅相成的，如果只注重某一方面而忽视另一方面，就达不到好的效果。

5. 知之为知之，不知为不知，是知也。 （《为政》）

【解析】知道的就承认已经知道了，不知道的就是不知道，这就是聪明智慧。

【启示】自作聪明的人总是把无知当已知。

6. 子曰：“吾十有五而志于学，三十而立，四十而不惑，五十而知天命，六十而耳顺，七十而从心所欲，不逾矩。” （《为政》）

【解析】孔子说：“我十五岁时，立志于学，三十岁时（懂礼仪）说话做事都有分寸，四十岁时（掌握了各种知识）不再感到迷惑，五十岁时乐天知命，六十岁时能听得进各种不同的意见，到了七十岁，便随心所欲地做事，而又都不会超出规矩。”

【启示】这是孔子晚年对自己一生学习修养的概括总结，几千年以来，无数的人都把这段话作为勉励自己的座右铭。而其中的“而立”、“不惑”、“知天命”、“耳顺”也分别成了三十岁、四十岁、五十岁、六十岁的代名词而广泛流传。

7. 子曰：“父母在，不远游，游必有方。” （《里仁》）

【解析】孔子说：“父母在世时，子女轻易不要出门远行，以便守在父母身边，尽孝子之道。如果非要远行，也一定要告诉父母确切的行踪。”

【启示】儿行千里母担忧，子女只有对父母孝敬有加，才能报答父母。

8. 见贤思齐焉，见不贤而内自省也。 （《里仁》）

【解析】见到贤人，就应该想着向他学习；看见不贤的人，便应该反省自己。

【启示】对不如自己的人喜欢讥笑、轻视，因而沾沾自喜；对比自己强的人喜欢贬低，甚至嫉妒，害怕与他们交往：这都是不正确的态度。

9. 朝闻道，夕死可矣。 （《里仁》）

【解析】早上得知真理，即使晚上死了也值得。

【启示】这句话说明了对真理的渴望。

10. 三思而后行。 （《公冶长》）

【解析】经过反复考虑，然后才采取行动。

【启示】这句话适用于莽撞行事的人。

11. 朽木不可雕也，粪土之墙不可杇也。 （《公冶长》）

【解析】朽烂的木头，不能雕刻；粪土垒起的墙壁，不能粉刷。

【启示】这句话比喻不堪造就的人，用不着去培养他。

12. 不迁怒，不贰过。 （《雍也》）

【解析】不将对某人的怒气转到其他人的头上，也不重犯同一种过错。

【启示】许多人对自己的过失并不重视，甚至习以为常，若能像颜回那样“不贰过”该多好啊！

13. 君子坦荡荡，小人常戚戚。 （《述而》）

【解析】君子心地平坦宽广，小人却经常局促忧愁。

【启示】君子襟怀坦荡，知足常乐。小人欲念太多，患得患失，所以常心怀戚戚。

14. 三人行，必有我师焉。 （《述而》）

【解析】三个人一走同路，其中必定有可以当我的师长的人。

【启示】只要虚心向别人学习，一定能学有所成。

15. 士不可以不弘毅，任重而道远。 （《泰伯》）

【解析】读书人必须有远大的抱负和坚强的意志，因为他对社会责任重大，要走的路很长。

【启示】对一个想要有所作为的人来说，远大的抱负、坚强的意志，是缺一不可的。

16. 岁寒，然后知松柏之后凋也。（《子罕》）

【解析】天寒地冻，才晓得松柏树是最后落叶的。

【启示】在艰苦的环境里才能看出一个人的节操和品格，在艰苦的环境里才能真正考验人。

17. 食不语，寝不言。（《乡党》）

【解析】吃饭的时候不交谈，睡觉的时候不说话。

【启示】这是孔子良好的生活习惯。

18. 君子成人之美，不成人之恶，小人反是。（《颜渊》）

【解析】君子成全别人的好事，不促成别人的坏事。小人却恰好相反。

【启示】成人之美，积善成德，便成为君子；成人之恶，积怨日多，便是小人。君子受人尊敬，小人遭人唾骂。

19. 言必信，行必果。（《子路》）

【解析】说出的话一定要算数，行动起来一定要坚决。

【启示】一诺千金，敢作敢为，受人尊重；出尔反尔，优柔寡断，遭人鄙弃。

20. 欲速则不达。（《子路》）

【解析】想要快，反而达不到目的。

【启示】事物发展有它的规律性，学习上也要循序渐进。

21. 己所不欲，勿施于人。（《卫灵公》）

【解析】自己不喜欢的，就不要强加给别人。

【启示】将心比心，从自己的利与害想到别人的利与害，多替别人着想，这是我们应该终生奉行的原则。

22. 当仁不让于师。（《卫灵公》）

【解析】仁义当前，就是老师，也不必同他谦让。

【启示】阐发仁义、捍卫真理、伸张正义等应该做的事，要积极主动地去做，绝不能推让。

23. 工欲善其事，必先利其器。（《卫灵公》）

【解析】工匠要想做好自己的工作，必须事先磨快工具。

【启示】一个人要胜任工作，必须首先学好本领。今日读好书，来日才能大展宏图。

24. 躬自厚而薄责于人。（《卫灵公》）

【解析】多责备自己，而少责备别人。

【启示】这句话说的是要严以律己，宽以待人。

25. 志士仁人，无求生以害仁，有杀身以成仁。（《卫灵公》）

【解析】志士仁人不肯贪生怕死而伤害仁义，他们总是宁可牺牲生命以成全大义的。

【启示】自古以来忠臣义士都把仁义看得比生命还重要。

26. 君子有三戒：少之时，血气未定，戒之在色；及其壮也，血气方刚，戒之在斗；及其老也，血气既衰，戒之在得。（《季氏》）

【解析】君子一生中有三件事情应该警惕戒备：年轻的时候，气血尚未定型，在男女问题上必须警惕；到了壮年时期，精力旺盛，要警惕无原则的纠纷和争斗；到了老年，体力和精力都差了，要警惕贪得无厌。

【启示】对于青少年来说，早恋会影响身心健康。在今天看来，孔子的“戒色、戒斗、戒得”的说法，对我们仍有教育意义。

孟　子

1. 梁惠王曰："寡人之于国也，尽心焉耳矣。河内凶，则移其民于河东，移其粟于河内。河东凶亦然。察邻国之政，无如寡人之用心者。邻国之民不加少，寡人之民不加多，何也？"

孟子对曰："王好战，请以战喻。填然鼓之，兵刃既接，弃甲曳兵而走。或百步而后止，或五十步而后止；以五十步笑百步，则何如？"

曰："不可。直不百步耳，是亦走也！"

曰："王如知此，则无望民之多于邻国也。

"不违农时，谷不可胜食也；数罟不入洿池，鱼鳖不可胜食也；斧斤以时入山林，材木不可胜用也；谷与鱼鳖不可胜食，材木不可胜用，是使民养生丧死无憾也。养生丧死无憾，王道之始也。

"五亩之宅，树之以桑，五十者可以衣帛矣；鸡豚狗彘之畜，无失其时，七十者可以食肉矣；百亩之田，勿夺于时，数口之家可以无饥矣。谨庠序之教，申之以孝悌之义，颁白者不负戴于道路矣。七十者衣帛食肉，黎民不饥不寒，然而不王者，未之有也！

"狗彘食人食而不知检，涂有饿莩而不知发；人死，则曰：'非我也，岁也。'是何异于刺人而杀之，曰：'非我也，兵也。'王无罪岁，斯天下之民至焉。"

（节选自《梁惠王上》）

【译文】

梁惠王说："我治理国家，已经很尽心竭力了。如果河内发生灾荒，就把那里的灾民移往河东，把河东的粮食运到河内。当河东发生灾荒的时候，我也是这样做的。再看看邻国的君主，没有像我这样尽心尽力的。可是，邻国的百姓并不见减少，而我的百姓并不见增多，这是什么原因呢？"

孟子回答道："大王您喜欢打仗，就让我用打仗来打比方吧。战鼓'咚咚'敲响，交战开始了，战败的士兵丢盔弃甲拖着武器逃跑，有的跑了上百步才停下，有的跑了五十步就停下。跑了五十步的人因此就去讥笑跑了一百步的人，您觉得可不可以呢？”

梁惠王说：“不可以。他只不过没有逃跑到一百步罢了，可是这也同样是逃跑呀！”

孟子说：“大王您既然懂得这个道理，就不必期望您国家的百姓比邻国多啦。

“只要不违背农时，那粮食就吃不完；不让密孔的渔网进入池塘，那鱼鳖就吃不完；砍伐林木有定时，那木材便用不尽。粮食和鱼类吃不完，木材用不尽，这样便使老百姓对供养活人、安葬死人不至于感到有什么不满了。老百姓养生送死没有缺憾，这正是王道的开始。

“在五亩大的住宅旁，种上桑树，上了五十岁的人就可以穿丝绸了；鸡鸭猪狗不失时节地繁殖饲养，上了七十岁的人就可以经常吃到肉食了。一家一户所种百亩的田地不误农时得到耕种，数口之家就不会闹灾荒了。注重乡校的教育，强调孝敬长辈的道理，须发花白的老人们就不会再肩挑头顶出现在道路上了。年满七十岁的人能穿上丝绸、吃上鱼肉，老百姓不缺衣少食，做到了这些而不称王于天下，是绝不会有的事。

“现在，猪狗吃的是人吃的食物而不知道设法制止，路上出现饿死的人而不知道赈济饥民。人死了反而说：‘与我无关，是年成不好的缘故。’这和把人杀了反而说‘与我无干，是兵器杀的’又有什么不同呢？大王您要能够不归罪于荒年，这样普天下的百姓便会都到您这儿来了。”

【解析】

本文是表现孟子“仁政”思想的文章之一，论述了如何实行“仁政”、以“王道”统一天下的问题。因为只有实行“仁政”，才能得民心；只有得民心，才能得天下。这种“保民而王”的思想，实际上也是孟子“民本”思想的体现。该文以慑人的气势和雄辩的说理阐明了孟子的治国之策，有力地宣扬了他的“仁政”思想。

2. 梁惠王曰：“寡人愿安承教。”

孟子对曰：“杀人以梃与刃，有以异乎？”

曰：“无以异也。”

“以刃与政有以异乎？”

曰：“无以异也。”

曰：“庖有肥肉，厩有肥马，民有饥色，野有饿莩，此率兽而食人也。兽相食，且人恶之；为民父母，行政，不免于率兽而食人。恶在其为民父母也？仲尼曰：‘始作俑者，其无后乎！’为其象人而用之也。如之何其使斯民饥而死也？”

（节选自《梁惠王上》）

【译文】

梁惠王说："我很乐意听您的指教。"

孟子回答说："用木棒打死人和用刀子杀死人有什么不同吗？"

梁惠王说："没有什么不同。"

孟子又问："用刀子杀死人和用政治害死人有什么不同吗？"

梁惠王回答："没有什么不同。"

孟子于是说："厨房里有肥嫩的肉，马房里有健壮的马，而老百姓却面带饥色，野外躺着饿死的人。这等于率领着野兽吃人啊！野兽自相残杀，人尚且厌恶；作为老百姓的父母官，施行政治，却不能免于率领野兽来吃人，那又怎么能够做老百姓的父母官呢？孔子说：'最初采用土偶、木偶陪葬的人，该是会断子绝孙吧！'这不过是因为土偶、木偶太像活人而用来陪葬罢了。那么，又怎么可以使老百姓活活地饿死呢？"

【解析】

在孟子看来，执政者作为老百姓的父母官，让人民生活幸福是其基本的职责。相反，如果自己过着丰衣足食的生活，而人民群众却在挨饿受冻，那简直就像是率领野兽吃人一样，是犯罪。这体现了孟子的"民本"思想。

3. 庄暴见孟子，曰："暴见于王，王语暴以好乐，暴未有以对也。"曰："好乐何如？"

孟子曰："王之好乐甚，则齐国其庶几乎！"

他日，见于王曰："王尝语庄子以好乐，有诸？"

王变乎色，曰："寡人非能好先王之乐也，直好世俗之乐耳。"

曰："王之好乐甚，则齐其庶几乎，今之乐由古之乐也。"

曰："可得闻与？"

曰："独乐乐，与人乐乐，孰乐？"

曰："不若与人。"

曰："与少乐乐，与众乐乐，孰乐？"

曰："不若与众。"

"臣请为王言乐。今王鼓乐于此，百姓闻王钟鼓之声，管籥之音，举疾首蹙頞而相告曰：'吾王之好鼓乐，夫何使我至于此极也？父子不相见，兄弟妻子离散。'今王田猎于此，百姓闻王车马之音，见羽旄之美，举疾首蹙頞而相告曰：'吾王之好田猎，夫何使我至于此极也？父子不相见，兄弟妻子离散。'此无他，不与民同乐也。

"今王鼓乐于此，百姓闻王钟鼓之声，管籥之音，举欣欣然有喜色而相告曰：'吾王庶几无疾病与，何以能鼓乐也？'今王田猎于此，百姓闻王车马之音，见羽旄之美，举欣欣然有喜色而相告曰：‘吾王庶几无疾病与，何以能田猎也？’此无他，与民同乐也。今王与百姓同乐，则王矣。”

（节选自《梁惠王下》）

【译文】

庄暴来见孟子，说：“我朝见大王，大王和我谈论喜好音乐的事，我没有话应答。”接着问道：“喜好音乐怎么样啊？”

孟子说：“大王如果非常喜好音乐，那齐国恐怕就治理得很不错了！”

几天后，孟子在晋见宣王时问道：“大王曾经和庄暴谈论过爱好音乐，有这回事吗？”

宣王脸色一变，不好意思地说：“我并不喜好先王清静典雅的音乐，只不过喜好当下世俗流行的音乐罢了。

孟子说：“大王如果非常喜好音乐，那齐国恐怕就治理得很不错了！在这件事上，现在的俗乐与古代的雅乐差不多。”

宣王说：“这个道理能讲给我听听吗？”

孟子说：“独自一人欣赏音乐快乐，与他人一起欣赏音乐也快乐，哪个更快乐？”

宣王说：“不如与他人一起欣赏音乐更快乐。”

孟子说：“和少数人一起欣赏音乐快乐，与多数人一起欣赏音乐也快乐，哪个更快乐？”

宣王说：“不如与多数人一起欣赏音乐更快乐。”

孟子说：“那就让我来为大王讲讲欣赏音乐的道理吧！假如大王在奏乐，百姓们听到大王鸣钟击鼓、吹箫奏笛的乐声，都愁眉苦脸地相互诉苦说：‘我们大王喜好音乐，为什么要使我们这般穷困呢？父亲和儿子不能相见，兄弟和妻儿分离流散。’假如大王在围猎，百姓们听到大王车马的喧嚣、见到华丽的旗帜，都愁眉苦脸地相互诉苦说：‘我们大王喜好围猎，为什么要使我们这般穷困呢？父亲和儿子不能相见，兄弟和妻儿分离流散。’这没有别的原因，是不和民众一起娱乐的缘故。

“假如大王在奏乐，百姓们听到大王鸣钟击鼓、吹箫奏笛的乐声，都眉开眼笑地相互诉说：‘我们大王大概没有疾病吧，要不怎么能奏乐呢？’假如大王在围猎，百姓们听到大王车马的喧嚣、见到华丽的旗帜，都眉开眼笑地相互告诉说：‘我们大王大概没有疾病吧，要不怎么能围猎呢？’这没有别的原因，是和民众同享欢乐的缘故。现在大王若能与百姓同乐，那就可以称王于天下了。”

【解析】

在这则故事中，孟子主要想要告诉君主：仁君应“与民同乐”，施行“仁政”。

4. 孟子曰："天时不如地利，地利不如人和。三里之城，七里之郭，环而攻之而不胜。夫环而攻之，必有得天时者矣；然而不胜者，是天时不如地利也。城非不高也，池非不深也，兵革非不坚利也，米粟非不多也，委而去之，是地利不如人和也。故曰：域民不以封疆之界，固国不以山溪之险，威天下不以兵革之利。得道者多助，失道者寡助。寡助之至，亲戚畔之；多助之至，天下顺之。以天下之所顺，攻亲戚之所畔；故君子有不战，战必胜矣。"

（节选自《公孙丑下》）

【译文】

孟子说："有利于作战的时令、气候比不上有利于作战的地形重要，有利于作战的地形比不上人心所向、上下团结重要。方圆三里的城，它的外城也仅纵横七里，敌人围起来攻打它却不能取胜。敌人既然围起来攻打它，必定有适宜作战的时令、气候条件，但是还是不能取胜，这就是天时不如地利了。守城的城墙不是不高，护城河不是不深，武器不是不锐利，装备盔甲不是不坚固，粮食不是不多，但守城者却抛弃城池逃散，这就是地利比不上人心所向、上下团结。所以说：限制百姓的流动不能靠划定的边疆界线，巩固国防不能靠山川的险要，在天下建立威信不能靠武器装备的坚固锐利。能够施行仁政的君主，帮助他的人就多；不能够施行仁政的君主，帮助他的人就少。帮助他的人少到极点，连家人亲戚也会背叛他；帮助他的人多到极点，全天下的人都会服从他。凭借天下人都顺从的力量，去攻打被家人亲戚背叛的人，因此，得道的君子不去打仗就罢了，若进行战争，则必定胜利。"

【解析】

孟子在这里主要是从军事方面来分析论述天时、地利、人和之间的关系。三者之中，人和是最重要的、起决定作用的因素，地利次之，天时又次之。正是从强调人和的重要性出发，他得出了"得道者多助，失道者寡助"的结论，实际上又回到了他那老生常谈的"仁政"话题。

5. 孟子曰："鱼，我所欲也，熊掌亦我所欲也；二者不可得兼，舍鱼而取熊掌者也。生亦我所欲也，义亦我所欲也；二者不可得兼，舍生而取义者也。生亦我所欲，所欲有甚于生者，故不为苟得也；死亦我所恶，所恶有甚于死者，故患有所不辟也。如使人之所欲莫甚于生，则凡可以得生者，何不用也？使人之所恶莫甚于死者，则凡可以辟患者，何不为也？由是则生而有不用也；由是则可以辟患而有不为也，是故所欲有甚于生者，所恶有甚于死者。非独贤者有是心也，人皆有之，贤者能勿丧耳。一箪食，一豆羹，得之则生，弗得则死，嘑尔而与之，行道之人弗受；蹴尔而与之，乞人不屑也；万钟则不辨礼义而受之。万钟于我何加焉？为宫室之美、妻妾之奉、所识穷乏者得我与？乡为身死而不受，今为宫室之美为之；乡为身死而不受，今为妻妾之奉为之；乡为身死而不受，今为所识穷乏者得我而为之，是亦不可以已乎？此之谓失其本心。”

（节选自《告子上》）

【译文】

孟子说：“鱼是我所喜爱的，熊掌也是我所喜爱的；如果这两种东西不能同时都得到的话，那么我就只好放弃鱼而选取熊掌了。生命是我所喜爱的，大义也是我所喜爱的，如果这两样东西不能同时都具有的话，那么我就只好牺牲生命而成全大义了。生命也是我所喜爱的，但我所喜爱的还有胜过生命的东西，因此我不做苟且偷生的事；死亡也是我所厌恶的，但我所厌恶的还有超过死亡的事，因此有些灾祸我并不躲避。假如人们所喜爱的东西没有超过生命的话，那么凡是能够用来求得生存的手段，哪种不能用呢？如果人们所厌恶的事情没有超过死亡的话，那么凡是能够用来逃避灾祸的事情，哪种不可以做呢？采用某种手段就能够活命，可是有的人却不肯采用；采用某种办法就能够躲避灾祸，可是有的人也不肯采用。由此可见，他们所喜爱的有比生命更宝贵的东西（那就是“义”），他们所厌恶的有比死亡更严重的东西（那就是“不义”）。不仅贤人有这种本性，其实人人都有，只不过贤人能够做到不丧失它罢了。一碗饭，一碗汤，吃了就能够活下去，不吃就会饿死。可是轻蔑地呵斥着给别人吃，连过路的饥民也不会接受；用脚踩过再给予，连乞丐也不肯接受。可是有的人见了高位俸禄，不辨是否合乎礼义就接受了。高位厚禄对我有什么好处呢？是为了住宅的华丽、妻妾的侍奉和所认识的穷人感激我吗？以前宁肯死也不愿接受的，现在有人为了住宅的华丽却接受了；以前宁肯死也不愿接受的，现在有人为了妻妾的侍奉却接受了；以前宁肯死也不愿接受的，现在有人为了所认识的穷人感激自己却接受了。这种做法不是可以应该停止吗？这就是所谓的丧失了人的本心。”

【解析】

“鱼与熊掌”是我们经常遇到的二难选择。之所以难，难在舍不得，难在那不可得兼的东西都是“我所欲也”，甚至也是人人所欲的。不然的话，也就没有什么可为难的了。

6. 孟子曰：“舜发于畎亩之中，傅说举于版筑之间，胶鬲举于鱼盐之中，管夷吾举于士，孙叔敖举于海，百里奚举于市。故天将降大任于是人也，必先苦其心志，劳其筋骨，饿其体肤，空乏其身，行拂乱其所为，所以动心忍性，曾益其所不能。人恒过，然后能改；困于心，衡于虑，而后作；征于色，发于声，而后喻。入则无法家拂士，出则无敌国外患者，国恒亡。然后知生于忧患而死于安乐也。”

（节选自《告子下》）

【译文】

孟子说：“舜从田间劳动中成长起来，傅说从筑墙的工作中被选拔出来，胶鬲从鱼盐的买卖中得到选用，管仲被提拔于囚犯的位置上，孙叔敖从海边被发现，百里奚从市场上被选拔。因此，上天将要把重大使命降落到某人身上，一定要先使他的意志受到磨炼，使他的筋骨受到劳累，使他忍饥挨饿，备受穷困之苦，做事总是不能顺利。这样来触动他的心志，坚韧他的性情，增长他的才能。人总是要经常犯错误，然后才能改正错误；心气郁结，殚思竭虑，然后才能奋发而起；显露在脸色上，表达在声音中，然后才能被人了解。一个国家，内部没有守法的大臣和辅佐的贤士，外部没有敌对国家的忧患，往往容易亡国。由此可以知道，忧患使人生存，安逸享乐足以使人败亡。”

【解析】

孟子所举的例证是舜帝、傅说、胶鬲、管仲、孙叔敖、百里奚六人。所谓“天将降大任于是人也，必先苦其心志……”成为孟子最著名的言论之一，后人常引以为座右铭，激励着无数志士仁人在逆境中奋起。

7. 孟子曰：“民为贵，社稷次之，君为轻。是故得乎丘民而为天子，得乎天子为诸侯，得乎诸侯为大夫。诸侯危社稷，则变置，牺牲既成，粢盛既絜，祭祀以时，然而旱干水溢，则变置社稷。”

（节选自《尽心下》）

【译文】

孟子说：“百姓最为重要，代表国家的土神、谷神次之，国君最轻。因此，得到民心的做天子，得到天子欢心的做诸侯，得到诸侯欢心的做大夫。如果诸侯危害到国家，那么就改立诸侯。如果用于祭祀的牲畜丰盛，米粮洁净，祭扫按时举行，但仍然遭受水旱灾害，那么就改立土神、谷神。”

【解析】

这一段是孟子“民本”思想最为典型和明确的体现，“民贵君轻”成为后世广泛流传的名言，一直为人们所引用。

庄　子

庖丁解牛

庖丁为文惠君解牛。手之所触，肩之所倚，足之所履，膝之所踦，砉(huā)然响然，奏刀騞(huō)然，莫不中音：合于《桑林》之舞，乃中《经首》之会。

文惠君曰："嘻，善哉！技盖至此乎？"

庖丁释刀对曰："臣之所好者，道也；进乎技矣。始臣之解牛之时，所见无非牛者；三年之后，未尝见全牛也。方今之时，臣以神遇而不以目视，官知止而神欲行。依乎天理，批大郤，导大窾，因其固然，技经肯綮之未尝，而况大軱乎！良庖岁更刀，割也；族庖月更刀，折也。今臣之刀十九年矣，所解数千牛矣，而刀刃若新发于硎。彼节者有间，而刀刃者无厚；以无厚入有间，恢恢乎其于游刃必有余地矣！是以十九年而刀刃若新发于硎。虽然，每至于族，吾见其难为，怵然为戒，视为止，行为迟，动刀甚微，謋然已解，如土委地。提刀而立，为之四顾，为之踌躇满志。善刀而藏之。"

文惠君曰："善哉，吾闻庖丁之言，得养生焉。"

（节选自《养生主》）

【译文】

厨师丁给梁惠王宰牛。手所接触的地方，肩膀所倚靠的地方，脚所踩的地方，膝盖所顶的地方，"砉砉"作响，进刀时"豁豁"有声，没有不合音律的：合乎（汤时）《桑林》舞乐的节拍，又合乎（尧时）《经首》乐曲的节奏。

梁惠王说："嘻，好啊！（你解牛的）技术怎么竟会高超到这种程度啊？"

厨师丁放下刀回答说："我所爱好的是事物的规律，（已经）超过（一般的）技术了。起初我宰牛的时候，看到的无非是一只牛而已；三年以后，看见的就不再是整头的牛了。现在，我用心神来和牛接触，而不用眼睛去看，视觉的作用停止了，而心神在活动。依照（牛生理上的）天然结构，从牛体筋骨（相接的）缝隙处，顺着（骨节间的）空处进刀，依照牛体本来的构造，筋脉经络相连的地方和筋骨结合的地方，尚且不曾拿刀碰到过，更何况大骨呢！技术好的厨师每年更换一把刀，（是用刀）割断筋肉；一般的厨师每月（就得）更换一把刀，（是用刀）砍断骨头。如今，我的刀（用了）十九年，所宰的牛有几千头了，但刀刃的锋利就像刚从磨刀石上磨出来的一样。那牛的骨节有间隙，而刀刃很薄；用很薄的（刀刃）插入有空隙的（骨节），刀刃的运转必然是有余地的啊！因此，十九年来，刀刃还像刚从磨刀石上磨出来的一样。虽然是这样，每当碰到（筋骨）交错聚结的地方，我看到那里很难下刀，就小心翼翼地提高警惕，视力集中到一点，动作缓慢下来，动起刀来非常轻，"豁啦"一声，（牛的骨和肉一下子）解开了，就象泥土散落在地上一样。（我）提着刀站立起来，为此举目四望，为此志得意满。（然后）把刀擦抹干净，收藏起来。"

梁惠王说："好啊，我听了厨师丁的这番话，懂得了养生的道理了。"

【解析】

这个故事告诉我们做事不仅要掌握规律，还要持一种谨慎小心的态度，收敛锋芒。在懂得利用规律的同时，更要去反复实践，像庖丁"所解数千牛矣"一样，不停地重复，终究会悟出事物的规律所在。

秋水（节选）

秋水时至，百川灌河。径流之大，两涘渚崖之间，不辨牛马。于是焉河伯欣然自喜，以天下之美为尽在己。顺流而东行，至于北海，东面而视，不见水端。于是焉河伯始旋其面目，望洋向若而叹曰："野语有之曰'闻道百，以为莫己若者'，我之谓也。且夫我尝闻少仲尼之闻，而轻伯夷之义者，始吾弗信；今我睹子之难穷也，吾非至于子之门，则殆矣。吾长见笑于大方之家。"

【译文】

秋天的洪水随着季节涨起来了，千百条江河注入黄河。（黄河）水流巨大，以致两岸的水边、洲岛之间，不能辨别是牛是马。于是黄河神十分高兴，以为天下的美景全集中在自己这里了。他顺着流水往东走，到了渤海，面朝东望去，看不到海的尽头。于是河神才收起（改变）了欣喜的脸色，转过头来看着渤海神叹息道："有句俗话说'听到了许多道理，就以为没有人比得上自己'，说的就是我呀。并且我曾经听说有人小看孔仲尼的见闻、轻视伯夷的义行，开始我还不相信；如今我看见您的广阔难以穷尽，要不是到您的面前来，那就危险了，我会永远被明白大道理的人所讥笑。"

【解析】

这里节选的虽然只是《庄子·秋水》的开头，却完全可以从中看出庄子用鲜明生动的形象来说理的特点，河伯面对河水满溢时的自喜自傲，看到大海的浩瀚时的自卑自丑，一切都如在眼前，庄子用如此精练的笔墨来表现人物鲜明的形神特征，真是让人惊叹。

荀　子

劝学（节选）

君子曰：学不可以已。青，取之于蓝，而青于蓝；冰，水为之，而寒于水。木直中绳，𫐓以为轮，其曲中规，虽有槁暴，不复挺者，𫐓使之然也。故木受绳则直，金就砺则利，君子博学而日参省乎己，则知明而行无过矣。

故不登高山，不知天之高也；不临深溪，不知地之厚也；不闻先王之遗言，不知学问之大也。

吾尝终日而思矣，不如须臾之所学也。吾尝跂而望矣，不如登高之博见也。登高而招，臂非加长也，而见者远；顺风而呼，声非加疾也，而闻者彰。假舆马者，非利足也，而致千里；假舟楫者，非能水也，而绝江河。君子生非异也，善假于物也。

积土成山，风雨兴焉；积水成渊，蛟龙生焉；积善成德，而神明自得，圣心备焉。故不积跬步，无以至千里；不积小流，无以成江海。骐骥一跃，不能十步；驽马十驾，功在不舍。锲而舍之，朽木不折；锲而不舍，金石可镂。蚓无爪牙之利，筋骨之强，上食埃土，下饮黄泉，用心一也。蟹八跪而二螯，非蛇鳝之穴，无可寄托者，用心躁也。

【译文】

君子说：学习是不可以停止的。靛青是从蓝草里提取的，可是比蓝草的颜色更深；冰是水凝结而成的，却比水还要寒冷。木材笔直，合乎墨绳，把它烤弯制成车轮，那么木材的弯度就合乎圆的标准了，即使干枯了，木材也不会再挺直，是加工使它成为这样的。木材用墨线量过，再经辅具加工就能取直，刀剑等金属制品在磨刀石上磨过就能变得锋利，君子广泛地学习，而且每天检查反省自己，那么他就会聪明机智，而行为就不会有过错了。

因此，不登上高山，就不知道天有多么高；不面临深涧，就不知道地有多么厚；不懂得先代帝王的遗教，就不知道学问的博大。

我曾经整天思索，却不如片刻学到的知识多；我曾经踮起脚远望，却不如登到高处看得广阔。登上高处招手，胳膊没有比原来加长，可是别人在远处也看得见；顺着风呼叫，声音没有比原来加强，可是听的人听得很清楚。借助车马的人，并不是脚走得快，却可以行千里；借助舟船的人，并不是能游泳，却可以横渡江河。君子的本性跟一般人没什么不同，只是善于借助外物罢了。

堆积土石成了高山，风雨就从这里兴起了；汇积水流成为深渊，蛟龙就从这儿产生了；积累善行养成高尚的品德，自然会心智澄明，也就具有了圣人的精神境界。因此，不积累一步半步的行程，就没有办法到达千里之远；不积累细小的流水，就没有办法汇成江河大海。骏马一跃，也不足十步远；劣马拉车走十天，也能走得很远，它的成功就在于不停地走。如果刻几下就停下来了，那么腐烂的木头也刻不断；如果不停地刻下去，那么金石也能雕刻成功。蚯蚓没有锐利的爪子、牙齿和强健的筋骨，却能向上吃到泥土，向下喝到泉水，这是由于它用心专一啊。螃蟹有六条腿、两个蟹钳，但是如果没有蛇、鳝的洞穴，就无处存身，这是因为它心气浮躁啊。

【解析】

本篇分别从学习的重要性、学习的态度以及学习方法等方面，全面而深刻地论说了有关学习的问题。

古典诗词

曹操诗选

观沧海

东临碣石，以观沧海。
水何澹澹，山岛竦峙。
树木丛生，百草丰茂。
秋风萧瑟，洪波涌起。
日月之行，若出其中。
星汉灿烂，若出其里。
幸甚至哉！歌以咏志。

【赏析】

秋风肃杀，海浪翻腾，立在碣石边，东望大海，让人油然而生一种君临天下的感觉，这也正是诗中所极力营造出来的气氛。神秘辽远的大海，象征诗人开阔的胸襟和用之不尽的智慧。

短歌行

对酒当歌，人生几何？譬如朝露，去日苦多。
慨当以慷，忧思难忘。何以解忧，唯有杜康。
青青子衿，悠悠我心。但为君故，沉吟至今。

呦呦鹿鸣，食野之苹。我有嘉宾，鼓瑟吹笙。
明明如月，何时可掇。忧从中来，不可断绝。
越陌度阡，枉用相存。契阔谈宴，心念旧恩。
月明星稀，乌鹊南飞。绕树三匝，何枝可依?
山不厌高，海不厌深。周公吐哺，天下归心。

【赏析】

这首诗的主题非常明确，就是作者希望有大量人才来为自己所用。《短歌行》实际上就是一曲“求贤歌”。

龟虽寿

神龟虽寿，犹有竟时。
腾蛇乘雾，终为土灰。
老骥伏枥，志在千里。
烈士暮年，壮心不已。
盈缩之期，不但在天。
养怡之福，可得永年。
幸甚至哉！歌以咏志。

【赏析】

这首诗充满着积极进取、自强不息的精神。在困难时期，曹操能激流勇进，敢于向命运挑战，这是一种值得学习的人生情操。

李白诗选

月下独酌

花间一壶酒，独酌无相亲。
举杯邀明月，对影成三人。
月既不解饮，影徒随我身。
暂伴月将影，行乐须及春。
我歌月徘徊，我舞影零乱。
醒时同交欢，醉后各分散。
永结无情游，相期邈云汉。

【赏析】

诗篇描写月下独酌的情景。诗人运用丰富的想象，把月亮和自己的身影看作陪伴自己喝酒的人，与自己凑成了所谓的“三人”，表达了诗人旷达不羁的个性和情感。

宣州谢朓楼饯别校书叔云

弃我去者，昨日之日不可留；
乱我心者，今日之日多烦忧。
长风万里送秋雁，对此可以酣高楼。
蓬莱文章建安骨，中间小谢又清发。
俱怀逸兴壮思飞，欲上青天览明月。
抽刀断水水更流，举杯消愁愁更愁。
人生在世不称意，明朝散发弄扁舟。

【赏析】

这首诗先写虚度光阴、报国无门的痛苦，而后赞美主客双方的才华与抱负，最后以抒发出世的忧愤作结，感情色彩浓烈。

秋浦歌

白发三千丈，缘愁似个长。
不知明镜里，何处得秋霜？

【赏析】

这首诗采用浪漫夸张的手法，抒发了诗人怀才不遇的苦闷。

杜甫诗选

望　岳

岱宗夫如何？齐鲁青未了。
造化钟神秀，阴阳割昏晓。
荡胸生层云，决眦入归鸟。
会当凌绝顶，一览众山小。

【赏析】

岳：山高谓之岳，这里特指东岳泰山。此诗写于唐玄宗开元二十四年（736）。青年杜甫以这首诗热情赞美了泰山的雄伟气象，同时表达了自己的凌云壮志。

春　望

国破山河在，城春草木深。
感时花溅泪，恨别鸟惊心。
烽火连三月，家书抵万金。
白头搔更短，浑欲不胜簪。

【赏析】

此诗写于安史之乱时，抒发了作者强烈的忧国忧民之情。这首诗托物言情、情景交融，有很强的艺术感染力。

兵车行

车辚辚，马萧萧，行人弓箭各在腰。
耶娘妻子走相送，尘埃不见咸阳桥。
牵衣顿足拦道哭，哭声直上干云霄。
道旁过者问行人，行人但云点行频。
或从十五北防河，便至四十西营田。
去时里正与裹头，归来头白还戍边。
边庭流血成海水，武皇开边意未已。
君不闻汉家山东二百州，千村万落生荆杞。
纵有健妇把锄犁，禾生陇亩无东西。
况复秦兵耐苦战，被驱不异犬与鸡。
长者虽有问，役夫敢申恨？
且如今年冬，未休关西卒。
县官急索租，租税从何出？
信知生男恶，反是生女好。
生女犹得嫁比邻，生男埋没随百草。
君不见，青海头，古来白骨无人收。
新鬼烦冤旧鬼哭，天阴雨湿声啾啾。

【赏析】

《兵车行》是杜诗名篇，为历代推崇。它揭露了唐玄宗长期以来的穷兵黩武、连年征战给人民造成了巨大的灾难，具有深刻的思想性。

新安吏

客行新安道，喧呼闻点兵。借问新安吏，县小更无丁。
府帖昨夜下，次选中男行。中男绝短小，何以守王城。
肥男有母送，瘦男独伶俜。白水暮东流，青山犹哭声。
莫自使眼枯，收汝泪纵横。眼枯即见骨，天地终无情。
我军取相州，日夕望其平。岂意贼难料，归军星散营。
就粮近故垒，练卒依旧京。掘壕不到水，牧马役亦轻。
况乃王师顺，抚养甚分明。送行勿泣血，仆射如父兄。

潼关吏

士卒何草草，筑城潼关道。大城铁不如，小城万丈余。
借问潼关吏，修关还备胡？要我下马行，为我指山隅。
连云列战格，飞鸟不能逾。胡来但自守，岂复忧西都？
丈人视要处，窄狭容单车。艰难奋长戟，万古用一夫。
哀哉桃林战，百万化为鱼。请嘱防关将，慎勿学哥舒。

石壕吏

暮投石壕村，有吏夜捉人。老翁逾墙走，老妇出门看。
吏呼一何怒，妇啼一何苦。听妇前致词，三男邺城戍。
一男附书至，二男新战死。存者且偷生，死者长已矣。
室中更无人，唯有乳下孙。有孙母未去，出入无完裙。
老妪力虽衰，请从吏夜归。急应河阳役，犹得备晨炊。
夜久语声绝，如闻泣幽咽。天明登前途，独与老翁别。

新婚别

兔丝附蓬麻，引蔓故不长。嫁女与征夫，不如弃路旁。
结发为妻子，席不暖君床。暮婚晨告别，无乃太匆忙。
君行虽不远，守边赴河阳。妾身未分明，何以拜姑嫜。
父母养我时，日夜令我藏。生女有所归，鸡狗亦得将。
君今往死地，沉痛迫中肠。誓欲随君去，形势反苍黄。
勿为新婚念，努力事戎行。妇人在军中，兵气恐不扬。
自嗟贫家女，久致罗襦裳。罗襦不复施，对君洗红妆。
仰视百鸟飞，大小必双翔。人事多错迕，与君永相望。

垂老别

四郊未宁静，垂老不得安。子孙阵亡尽，焉用身独完？
投杖出门去，同行为辛酸。幸有牙齿存，所悲骨髓干。

男儿既介胄，长揖别上官。老妻卧路啼，岁暮衣裳单。
孰知是死别，且复伤其寒。此去必不归，还闻劝加餐。
土门壁甚坚，杏园度亦难。势异邺城下，纵死时犹宽。
人生有离合，岂择盛衰端？忆昔少壮日，迟回竟长叹。
万国尽征戍，烽火被冈峦。积尸草木腥，流血川原丹。
何乡为乐土，安敢尚盘桓。弃绝蓬室居，塌然摧肺肝。

无家别

寂寞天宝后，园庐但蒿藜。我里百余家，世乱各东西。
存者无消息，死者为尘泥。贱子因阵败，归来寻旧蹊。
久行见空巷，日瘦气惨凄。但对狐与狸，竖毛怒我啼。
四邻何所有？一二老寡妻。宿鸟恋本枝，安辞且穷栖？
方春独荷锄，日暮还灌畦。县吏知我至，召令习鼓鼙。
虽从本州役，内顾无所携。近行止一身，远去终转迷。
家乡既荡尽，远近理亦齐。永痛长病母，五年委沟溪。
生我不得力，终身两酸嘶。人生无家别，何以为蒸黎？

【赏析】

“三吏”“三别”是杜甫的经典代表作品，写出了百姓的困苦和战争的残酷，表达了诗人对百姓的同情。

白居易诗选

长恨歌

汉皇重色思倾国，御宇多年求不得。
杨家有女初长成，养在深闺人未识。
天生丽质难自弃，一朝选在君王侧。
回眸一笑百媚生，六宫粉黛无颜色。
春寒赐浴华清池，温泉水滑洗凝脂。
侍儿扶起娇无力，始是新承恩泽时。
云鬓花颜金步摇，芙蓉帐暖度春宵。
春宵苦短日高起，从此君王不早朝。
承欢侍宴无闲暇，春从春游夜专夜。
后宫佳丽三千人，三千宠爱在一身。
金屋妆成娇侍夜，玉楼宴罢醉和春。
姊妹弟兄皆列土，可怜光彩生门户。
遂令天下父母心，不重生男重生女。
骊宫高处入青云，仙乐风飘处处闻。
缓歌慢舞凝丝竹，尽日君王看不足。
渔阳鼙鼓动地来，惊破《霓裳》《羽衣》曲。
九重城阙烟尘生，千乘万骑西南行。
翠华摇摇行复止，西出都门百余里。
六军不发无奈何，宛转蛾眉马前死。
花钿委地无人收，翠翘金雀玉搔头。
君王掩面救不得，回看血泪相和流。
黄埃散漫风萧索，云栈萦纡登剑阁。
峨嵋山下少人行，旌旗无光日色薄。

蜀江水碧蜀山青，圣主朝朝暮暮情。
行宫见月伤心色，夜雨闻铃肠断声。
天旋地转回龙驭，到此踌躇不能去。
马嵬坡下泥土中，不见玉颜空死处。
君臣相顾尽沾衣，东望都门信马归。
归来池苑皆依旧，太液芙蓉未央柳。
芙蓉如面柳如眉，对此如何不泪垂。
春风桃李花开日，秋雨梧桐叶落时。
西宫南内多秋草，落叶满阶红不扫。
梨园弟子白发新，椒房阿监青娥老。
夕殿萤飞思悄然，孤灯挑尽未成眠。
迟迟钟鼓初长夜，耿耿星河欲曙天。
鸳鸯瓦冷霜华重，翡翠衾寒谁与共。
悠悠生死别经年，魂魄不曾来入梦。
临邛道士鸿都客，能以精诚致魂魄。
为感君王辗转思，遂教方士殷勤觅。
排空驭气奔如电，升天入地求之遍。
上穷碧落下黄泉，两处茫茫皆不见。
忽闻海上有仙山，山在虚无缥缈间。
楼阁玲珑五云起，其中绰约多仙子。
中有一人字太真，雪肤花貌参差是。
金阙西厢叩玉扃，转教小玉报双成。
闻道汉家天子使，九华帐里梦魂惊。
揽衣推枕起徘徊，珠箔银屏迤逦开。
云髻半偏新睡觉，花冠不整下堂来。
风吹仙袂飘飖举，犹似霓裳羽衣舞。
玉容寂寞泪阑干，梨花一枝春带雨。
含情凝睇谢君王，一别音容两渺茫。
昭阳殿里恩爱绝，蓬莱宫中日月长。
回头下望人寰处，不见长安见尘雾。
唯将旧物表深情，钿合金钗寄将去。
钗留一股合一扇，钗擘黄金合分钿。
但教心似金钿坚，天上人间会相见。

临别殷勤重寄词，词中有誓两心知。
七月七日长生殿，夜半无人私语时。
在天愿作比翼鸟，在地愿为连理枝。
天长地久有时尽，此恨绵绵无绝期。

【赏析】

诗人通过唐玄宗和杨贵妃的爱情悲剧，一方面揭露了封建统治阶级的荒淫无耻，他们醉生梦死的腐朽生活给广大人民带来了灾难；另一方面，歌颂了他们对爱情的坚贞和专一，反映出人们对美满爱情的追求和向往。

琵琶行

元和十年，余左迁九江郡司马。明年秋，送客湓浦口，闻舟中夜弹琵琶者。听其音，铮铮然有京都声。问其人，本长安倡女，尝学琵琶于穆、曹二善才。年长色衰，委身为贾人妇。遂命酒，使快弹数曲。曲罢悯默，自叙少小时欢乐事，今漂沦憔悴，转徙于江湖间。予出官二年，恬然自安，感斯人言，是夕始觉有迁谪意。因为长句，歌以赠之，凡六百一十六言。名曰《琵琶行》。

浔阳江头夜送客，枫叶荻花秋瑟瑟。
主人下马客在船，举酒欲饮无管弦。
醉不成欢惨将别，别时茫茫江浸月。
忽闻水上琵琶声，主人忘归客不发。
寻声暗问弹者谁，琵琶声停欲语迟。
移船相近邀相见，添酒回灯重开宴。
千呼万唤始出来，犹抱琵琶半遮面。
转轴拨弦三两声，未成曲调先有情。
弦弦掩抑声声思，似诉平生不得志。
低眉信手续续弹，说尽心中无限事。
轻拢慢捻抹复挑，初为《霓裳》后《六幺》。
大弦嘈嘈如急雨，小弦切切如私语。
嘈嘈切切错杂弹，大珠小珠落玉盘。
间关莺语花底滑，幽咽流泉水下难。
冰泉冷涩弦凝绝，凝绝不通声暂歇。

别有幽愁暗恨生，此时无声胜有声。
银瓶乍破水浆迸，铁骑突出刀枪鸣。
曲终收拨当心画，四弦一声如裂帛。
东船西舫悄无言，唯见江心秋月白。
沉吟放拨插弦中，整顿衣裳起敛容。
自言本是京城女，家在虾蟆陵下住。
十三学得琵琶成，名属教坊第一部。
曲罢曾教善才伏，妆成每被秋娘妒。
五陵年少争缠头，一曲红绡不知数。
钿头云篦击节碎，血色罗裙翻酒污。
今年欢笑复明年，秋月春风等闲度。
弟走从军阿姨死，暮去朝来颜色故。
门前冷落车马稀，老大嫁作商人妇。
商人重利轻别离，前月浮梁买茶去。
去来江口守空船，绕船月明江水寒。
夜深忽梦少年事，梦啼妆泪红阑干。
我闻琵琶已叹息，又闻此语重唧唧。
同是天涯沦落人，相逢何必曾相识。
我从去年辞帝京，谪居卧病浔阳城。
浔阳地僻无音乐，终岁不闻丝竹声。
住近湓江地低湿，黄芦苦竹绕宅生。
其间旦暮闻何物？杜鹃啼血猿哀鸣。
春江花朝秋月夜，往往取酒还独倾。
岂无山歌与村笛，呕哑嘲哳难为听。
今夜闻君琵琶语，如听仙乐耳暂明。
莫辞更坐弹一曲，为君翻作琵琶行。
感我此言良久立，却坐促弦弦转急。
凄凄不似向前声，满座重闻皆掩泣。
座中泣下谁最多，江州司马青衫湿。

【赏析】

诗歌通过写琵琶女生活的不幸，结合自己在宦途中所受到的打击，唱出了“同是天涯沦落人，相逢何必曾相识”的心声。

卖炭翁

卖炭翁，伐薪烧炭南山中。
满面尘灰烟火色，两鬓苍苍十指黑。
卖炭得钱何所营？身上衣裳口中食。
可怜身上衣正单，心忧炭贱愿天寒。
夜来城外一尺雪，晓驾炭车辗冰辙。
牛困人饥日已高，市南门外泥中歇。
翩翩两骑来是谁？黄衣使者白衫儿。
手把文书口称敕，回车叱牛牵向北。
一车炭，千余斤，官使驱将惜不得。
半匹红纱一丈绫，系向牛头充炭直。

【赏析】

诗人通过卖炭翁的遭遇，深刻地揭露了“官市”（即中唐以后，皇帝派太监遍布街坊，看到所需的东西，给付很少的价钱，直接掠夺至宫廷的剥削方式）的本质，对统治者掠夺人民的罪行给予了有力的鞭挞。

大林寺桃花

人间四月芳菲尽，山寺桃花始盛开。
长恨春归无觅处，不知转入此中来。

【赏析】

表现了诗人的惊喜之情和对春天的热爱、留恋。

暮江吟

一道残阳铺水中，半江瑟瑟半江红。
可怜九月初三夜，露似珍珠月似弓。

【赏析】

这首诗为作者赴杭州任刺史途中所作，途次所见，随口吟成，格调清新，自然可喜，读后给人以美的享受。

赋得古原草送别

离离原上草，一岁一枯荣。
野火烧不尽，春风吹又生。
远芳侵古道，晴翠接荒城。
又送王孙去，萋萋满别情。

【赏析】

本诗通篇几乎都在写草，却句句含情，实是借草取喻，以草木之茂盛显示友人之间依依惜别时的绵绵情谊。情深意切，比喻巧妙，不愧为白居易的成名作。

忆江南

江南好，风景旧曾谙。日出江花红胜火，春来江水绿如蓝。能不忆江南？
江南忆，最忆是杭州。山寺月中寻桂子，郡亭枕上看潮头。何日更重游？
江南忆，其次忆吴宫。吴酒一杯春竹叶，吴娃双舞醉芙蓉。早晚复相逢？

【赏析】

诗人早年曾因避乱来到江南，旅居苏、杭二州，晚年又在苏杭任职。江南的山山水水、一草一木都给他留下了深刻的印象，诗人回到北方后仍然怀恋不已。这首小令就是诗人辞官苏州刺史，回到洛阳以后作的，表达了诗人对祖国大好河山的热爱之情。

苏轼词选

江城子·密州出猎

老夫聊发少年狂。左牵黄、右擎苍。锦帽貂裘，千骑卷平冈。为报倾城随太守，亲射虎，看孙郎。

酒酣胸胆尚开张。鬓微霜、又何妨。持节云中，何日遣冯唐？会挽雕弓如满月，西北望，射天狼。

【赏析】

这首词上阙写打猎的场面有声有色，下阙从打猎引申到射“天狼”（冬季夜空里最亮的恒星），表现出作者抗击敌人的壮志和决心。

江 城 子

乙卯正月二十日夜记梦

十年生死两茫茫，不思量，自难忘。千里孤坟，无处话凄凉。纵使相逢应不识，尘满面，鬓如霜。

夜来幽梦忽还乡，小轩窗，正梳妆。相顾无言，惟有泪千行。料得年年肠断处，明月夜，短松冈。

【赏析】

这是苏轼为原配妻子王弗写的一首悼亡词，表现了绵绵不尽的哀伤和思念。上阙写诗人对亡妻深沉的思念，是写实；下阙记述梦境，抒写了诗人对亡妻执著不舍的深情。

念奴娇·赤壁怀古

大江东去,浪淘尽,千古风流人物。故垒西边,人道是,三国周郎赤壁。乱石穿空,惊涛拍岸，卷起千堆雪。江山如画，一时多少豪杰。

遥想公瑾当年，小乔初嫁了，雄姿英发。羽扇纶巾，谈笑间，樯橹灰飞烟灭。故国神游，多情应笑我，早生华发。人生如梦，一尊还酹江月。

【赏析】

该词感情激荡，气势雄壮。全词借古抒怀，将写景、咏史、抒情融为一体，抒发了作者积极入世却年已半百而功业无成的感慨。

辛弃疾词选

破阵子

醉里挑灯看剑，梦回吹角连营。八百里分麾下炙，五十弦翻塞外声，沙场秋点兵。

马作的卢飞快，弓如霹雳弦惊。了却君王天下事，赢得生前身后名，可怜白发生！

【赏析】

辛弃疾二十岁时，就在家乡历城（今山东济南）参加了抗金起义。起义失败后，他回到南宋，当过许多地方的长官。他安定民生，训练军队，极力主张收复中原，却遭到排斥打击。后来，他长期不得任用，闲居近二十年。这首词抒写了他梦寐以求、终生不变的抗敌救国理想，表达了他壮志未酬的悲愤心情。

水龙吟

楚天千里清秋，水随天去秋无际。遥岑远目，献愁供恨，玉簪螺髻。落日楼头，断鸿声里，江南游子。把吴钩看了，栏干拍遍，无人会，登临意。

休说鲈鱼堪脍，尽西风，季鹰归未？求田问舍，怕应羞见，刘郎才气。可惜流年，忧愁风雨，树犹如此！倩何人、唤取红巾翠袖，揾英雄泪！

【赏析】

这首词是词人在建康任职期间所作，此时词人正值盛年（三十岁左右）。词人从金兵占领区的北方“突骑渡江”，投奔南宋，志在抗金报国，却不仅不受重用，反遭猜忌排斥，其报国无门、壮志难酬的一腔悲愤全倾注于词中。上阙写景，高远寥阔。下阙由写景抒情转到言志与悲叹，接连用了三个典故：引季鹰的故事，表明自己早已以身许国；引许汜的故事，表明自己不屑为个人利益而不顾国家风雨飘摇；“树犹如此”是桓温北伐路上对时光飞逝的感叹，作者亦引此表达自己功业未建、年华虚度的感慨。结尾写英雄襟怀，无人抚慰。词中以佳人发饰寓山河之恨，以美人映衬英雄，以历史典故写抱负，委婉跌宕，沉郁悲慨之至。

青玉案·元夕

东风夜放花千树，更吹落、星如雨。宝马雕车香满路。凤箫声动，玉壶光转，一夜鱼龙舞。

蛾儿雪柳黄金缕，笑语盈盈暗香去。众里寻他千百度，蓦然回首，那人却在灯火阑珊处。

【赏析】

此词极力渲染元宵节观灯的盛况：先写灯火辉煌，接着写游人车马彻夜游赏的欢乐景象。词人于观灯之夜，与意中人密约晤面，久望不至，忽见“那人却在灯火阑珊处”。结尾四句，借“那人”的孤高自赏表明作者不肯同流合污的高洁品格。全词构思新颖，语言工巧，曲折含蓄，余味不尽。

李清照词选

如梦令（其一）

昨夜雨疏风骤，浓睡不消残酒。试问卷帘人，却道“海棠依旧”。知否？知否？应是绿肥红瘦。

【赏析】

本词是李清照早期的词作之一。词中充分体现出作者对大自然、对春天的热爱之情。

如梦令（其二）

尝记溪亭日暮，沉醉不知归路。兴尽晚回舟，误入藕花深处。争渡，争渡，惊起一滩鸥鹭。

【赏析】

这首小令用词简练，只选取了几个片断，就把移动着的风景和作者怡然的心情融合在一起，写出了作者青春年少时的好心情，正所谓“少年情怀自是得”。这首词不事雕琢，有一种自然之美。

一剪梅

红藕香残玉簟秋。轻解罗裳，独上兰舟。云中谁寄锦书来？雁字回时，月满西楼。

花自飘零水自流。一种相思，两处闲愁。此情无计可消除，才下眉头，却上心头。

【赏析】

这是一首倾诉相思、别愁之苦的词，是李清照写给新婚未久即离家外出的丈夫赵明诚的。在这首词里，她诉说了自己独居生活的孤独寂寞和盼望丈夫早日归来的心情。

临江仙

庭院深深深几许，云窗雾阁常扃（jiǒng），柳梢梅萼（è）渐分明，春归秣陵树，人老建康城。

感月吟风多少事，如今老去无成，谁怜憔悴更雕零，试灯无意思，踏雪没心情。

【赏析】

此词作于建炎三年（1129）春。通过对早春景象的描写，表现了作者南渡之后百感交集、系念家国的复杂思想感情。

声声慢

寻寻觅觅，冷冷清清，凄凄惨惨戚戚。乍暖还寒时候，最难将息。三杯两盏淡酒，怎敌他晚来风急！雁过也，正伤心，却是旧时相识。

满地黄花堆积，憔悴损，如今有谁堪摘？守着窗儿，独自怎生得黑！梧桐更兼细雨，到黄昏，点点滴滴。这次第，怎一个愁字了得！

【赏析】

这是李清照南渡以后一首震动词坛的名作。该词通过对秋景、秋情的描绘，抒发了国破家亡、天涯沦落的悲苦，具有时代色彩。全词一气贯注，着意渲染愁情，如泣如诉，感人至深。首句连用十四个叠字，形象地抒写了作者的心情。下阙中的“点点滴滴”又前后照应，表现了作者孤独寂寞和动荡不安的心境。全词一字一泪，缠绵哀怨，极富艺术感染力。

《史记》人物

廉颇、蔺相如

廉颇者，赵之良将也。赵惠文王十六年，廉颇为赵将，伐齐，大破之，取阳晋，拜为上卿，以勇气闻于诸侯。

蔺相如者，赵人也；为赵宦者令缪（miào）贤舍人。

赵惠文王时，得楚和氏璧。秦昭王闻之，使人遗赵王书，愿以十五城请易璧。赵王与大将军廉颇诸大臣谋：欲予秦，秦城恐不可得，徒见欺；欲勿予，即患秦兵之来。计未定，求人可使报秦者，未得。

宦者令缪贤曰："臣舍人蔺相如可使。"王问："何以知之？"对曰："臣尝有罪，窃计欲亡走燕，臣舍人相如止臣曰：'君何以知燕王？'臣语曰：'臣尝从大王与燕王会境上，燕王私握臣手曰，"愿结友"，以此知之，故欲往。'相如谓臣曰：'夫赵强而燕弱，而君幸于赵王，故燕王欲结于君。今君乃亡赵走燕，燕畏赵，其势必不敢留君，而束君归赵矣。君不如肉袒伏斧质请罪，则幸得脱矣。'臣从其计，大王亦幸赦臣。臣窃以为其人勇士，有智谋，宜可使。"

于是王召见，问蔺相如曰："秦王以十五城请易寡人之璧，可予不？"相如曰："秦强而赵弱，不可不许。"王曰："取吾璧，不予我城，奈何？"相如曰："秦以城求璧而赵不许，曲在赵；赵予璧而秦不予赵城，曲在秦。均之二策，宁许以负秦曲。"王曰："谁可使者？"相如曰："王必无人，臣愿奉璧往使。城入赵而璧留秦；城不入，臣请完璧归赵。"赵王于是遂遣相如奉璧西入秦。

秦王坐章台见相如，相如奉璧奏秦王。秦王大喜，传以示美人及左右，左右皆呼万岁。相如视秦王无意偿赵城，乃前曰："璧有瑕，请指示王。"王授璧，相如因持璧却立，倚柱，怒发上冲冠，谓秦王曰："大王欲得璧，使人发书至赵王，赵王悉召群臣议，皆曰：'秦贪，负其强，以空言求璧，偿城恐不可得。'议不欲予秦璧。

臣以为布衣之交尚不相欺，况大国乎？且以一璧之故逆强秦之欢，不可。于是赵王乃斋戒五日，使臣奉璧，拜送书于庭。何者？严大国之威以修敬也。今臣至，大王见臣列观，礼节甚倨，得璧，传之美人，以戏弄臣。臣观大王无意偿赵王城邑，故臣复取璧。大王必欲急臣，臣头今与璧俱碎于柱矣。”相如持其璧睨柱，欲以击柱。秦王恐其破璧，乃辞谢，固请，召有司案图，指从此以往十五都予赵。

相如度（duó）秦王特以诈佯为予赵城，实不可得，乃谓秦王曰：“和氏璧，天下所共传宝也。赵王恐，不敢不献。赵王送璧时斋戒五日。今大王亦宜斋戒五日，设九宾于廷，臣乃敢上璧。”秦王度之，终不可强夺，遂许斋五日，舍相如广成传。

相如度秦王虽斋，决负约不偿城，乃使其从者衣褐，怀其璧，从径道亡，归璧于赵。

秦王斋五日后，乃设九宾礼于庭，引赵使者蔺相如。相如至，谓秦王曰：“秦自缪公以来二十余君，未尝有坚明约束者也。臣诚恐见欺于王而负赵，故令人持璧归，间至赵矣。且秦强而赵弱，大王遣一介之使至赵，赵立奉璧来。今以秦之强而先割十五都予赵，赵岂敢留璧而得罪于大王乎？臣知欺大王之罪当诛，臣请就汤镬（huò）。唯大王与群臣孰计议之。”

秦王与群臣相视而嘻。左右或欲引相如去，秦王因曰：“今杀相如，终不能得璧也，而绝秦赵之欢；不如因而厚遇之，使归赵。赵王岂以一璧之故欺秦邪？”卒廷见相如，毕礼而归之。

相如既归，赵王以为贤大夫，使不辱于诸侯，拜相如为上大夫。

秦亦不以城予赵，赵亦终不予秦璧。

其后秦伐赵，拔石城。明年复攻赵，杀二万人。秦王使使者告赵王，欲与王为好，会于西河外渑池。赵王畏秦，欲毋行。廉颇蔺相如计曰：“王不行，示赵弱且怯也。”赵王遂行。相如从。廉颇送至境，与王诀曰：“王行，度道里会遇之礼毕，还，不过三十日；三十日不还，则请太子为王，以绝秦望。”王许之。遂与秦王会渑池。

秦王饮酒酣，曰：“寡人窃闻赵王好音，请奏瑟。”赵王鼓瑟，秦御史前书曰：“某年月日，秦王与赵王会饮，令赵王鼓瑟。”蔺相如前曰：“赵王窃闻秦王善为秦声，请奉盆缻（fǒu）秦王，以相娱乐。”秦王怒，不许。于是相如前进缻，因跪请秦王。秦王不肯击缻。相如曰：“五步之内，相如请得以颈血溅大王矣。”左右欲刃相如，相如张目叱之，左右皆靡。于是秦王不怿，为一击缻。相如顾召赵御史书曰：“某年月日，秦王为赵王击缻。”秦之群臣曰：“请以赵十五城为秦王寿。”蔺相如亦曰：“请以秦之咸阳为赵王寿。”

秦王竟酒，终不能加胜于赵。赵亦盛设兵以待秦，秦不敢动。

既罢，归国，以相如功大，拜为上卿，位在廉颇之右。

廉颇曰：“我为赵将，有攻城野战之大功，而蔺相如徒以口舌为劳，而位居我上。

且相如素贱人，吾羞，不忍为之下！”宣言曰：“我见相如，必辱之。”相如闻，不肯与会。相如每朝时，常称病，不欲与廉颇争列。已而相如出，望见廉颇，相如引车避匿。

于是舍人相与谏曰：“臣所以去亲戚而事君者，徒慕君之高义也。今君与廉颇同列，廉君宣恶言，而君畏匿之，恐惧殊甚。且庸人尚羞之，况于将相乎？臣等不肖，请辞去。”蔺相如固止之，曰:“公之视廉将军孰与秦王？”曰:“不若也。”相如曰:“夫以秦王之威，而相如廷叱之，辱其群臣。相如虽驽（nú），独畏廉将军哉？顾吾念之，强秦之所以不加兵于赵者，徒以吾两人在也。今两虎共斗，其势不俱生。吾所以为此者，以先国家之急而后私仇也。”

廉颇闻之，肉袒负荆，因宾客至蔺相如门谢罪，曰：“鄙贱之人，不知将军宽之至此也！”

卒相与欢，为刎颈之交。

（节选自《廉颇蔺相如列传》）

【译文】

廉颇是赵国优秀的将领。赵惠文王十六年，廉颇担任赵国的大将，攻打齐国，大败齐军，夺取了阳晋，被任命为上卿，凭勇猛善战闻名于各诸侯国。

蔺相如是赵国人，是赵国宦官头目缪贤的门客。

赵惠文王时，赵国得到楚国的和氏璧。秦昭王听说这件事，派人送给赵王一封信，说愿意用十五座城换取和氏璧。赵王跟大将军廉颇及许多大臣商量：如果把这块宝玉给秦国，又怕得不到秦国的城，白白受欺骗；如果不给，又担心秦兵打过来。主意拿不定，想找个可以派去回复秦国的人，又找不到。

宦官头目缪贤说：“我的门客蔺相如可以出使。”赵王问：“您根据什么知道他可以出使呢？”缪贤回答说：“我曾经犯罪，私下打算逃到燕国去。我的门客蔺相如阻拦我说：‘您凭什么知道燕王（会收留您）？’我告诉他：‘我曾跟随大王与燕王在边境相会，燕王私下握着我的手说“愿意交个朋友”，我凭这个知道，因此打算去他那里。蔺相如对我说：‘如今赵国强，燕国弱，您又受赵王宠幸，因此燕王想跟您结交。现在您从赵国逃奔到燕国，燕王害怕赵国，在这种形势下一定不敢收留您，反而会把您捆绑起来送回赵国的。您不如袒胸露臂，趴在斧质上请罪，也许能侥幸得到赦免。’我听从了他的意见，大王也开恩赦免了我。我私下认为蔺相如是个勇士，有智谋，应该是可以出使的。”

于是赵王召见蔺相如，问他:“秦王打算用十五座城换我的璧，可不可以给他？”蔺相如说：“秦国强大，赵国弱小，不能不答应他的要求。”赵王说：“拿走我的璧，不给我城，怎么办？”蔺相如说：“秦王用城换璧而赵国不答应，理亏的是赵国；赵国给秦国璧而它不给赵国城，理亏的是秦国。比较这两种计策，宁可答应秦的请求而让它承担理亏的责任。”赵王问：“可以派谁去呢？”蔺相如回答说：“大王果真找不到人，我愿意捧着和氏璧出使秦国。城给了赵国，就把璧留给秦国；城不给赵国，我保证完整无缺地把和氏璧带回赵国。”赵王就派蔺相如带着和氏璧西行进入秦国。

秦王坐在章台宫接见蔺相如。蔺相如捧着和氏璧呈献给秦王。秦王非常高兴，把和氏璧传给妃嫔及侍从人员看，群臣都高呼“万岁”。蔺相如看出秦王没有把城给赵国的意思，就上前说：“璧上有点毛病，请让我指给大王看。”秦王把和氏璧交给蔺相如。蔺相如于是捧着璧退了几步，站住，背靠着柱子，怒发竖立，像要把帽子顶起来似的。他对秦王说：“大王想要得到和氏璧，派人送信给赵王，赵王召集所有大臣商议，都说：‘秦国贪婪，依仗强大，想用空话来诈取和氏璧，赵国恐怕得不到城池。’打算不给秦国和氏璧。但是，我认为，平民之间交往，尚且不相互欺骗，何况是大国之间的交往呢！而且因为一块璧惹得强大的秦国不高兴，也不应该。于是赵王斋戒了五天，派我捧着和氏璧，在朝堂上行过叩拜礼，亲自送上国书。这是为什么？为的是尊重大国的威望而表示敬意。现在我来到秦国，大王却在一般的宫殿里接见我，礼节显得十分傲慢；得到璧后又将它传给妃嫔们看，以此来戏弄我。我看大王无意给赵国十五座城，因此又把它取回来。大王一定要逼迫我，我的头现在就与和氏璧一起撞碎在柱子上！”

蔺相如拿着和氏璧，斜视着柱子，就要撞柱子。秦王怕他撞碎和氏璧，就婉言道歉，坚决请求他不要这样，并召唤负责的官吏，指着地图，说要把从这里到那里的十五座城，划归赵国。

蔺相如料定秦王只不过是假装把城划给赵国，实际上不可能真的做到，就对秦王说：“和氏璧是天下公认的宝贝，赵王敬畏大王，不敢不献出来。赵王送璧的时候，斋戒了五天。现在大王也应斋戒五天，在朝堂上安设‘九宾’的礼节，我才敢献上和氏璧。”秦王估计在这种情况下终究不能强夺，就答应斋戒五天，把蔺相如安置在广成馆里。

蔺相如料定秦王虽然答应斋戒，也必定会违背信约，不把城补偿给赵国，就让他的随从穿着粗布衣服，怀揣那块璧，从小道逃走，把它送回了赵国。

秦王斋戒五天后，就在朝堂上设了“九宾”的礼仪，请赵国使者蔺相如。蔺相如来到后，对秦王说：“秦国自从秦穆公以来的二十多个国君，不曾有一个是坚守信约的。我实在怕受大王欺骗而对不起赵国，因此派人拿着璧回去，已经从小路到达赵国了。再说秦国强大而赵国弱小，大王派一个小小的使臣到赵国，赵国会立刻捧着璧送来。现在凭借秦国的强大，先割十五座城给赵国，赵国怎么敢留着璧而得罪大王呢？我知道欺骗大王罪当处死，请求受汤镬之刑。请大王和大臣们商量着办吧。”

秦王和大臣们面面相觑，发出无可奈何的苦笑声。侍从中有的人要把蔺相如拉出去加以处治。秦王就说：“现在杀了蔺相如，终究不能得到和氏璧，反而断绝了秦、赵的友好关系；不如趁此好好招待他，让他回赵国去。难道赵王会因为一块璧的缘故而欺骗秦国吗？”终于在朝廷上接见蔺相如，完成接见的礼节，送他回赵国去了。

蔺相如回国以后，赵王认为他是个贤能的大夫，出使诸侯国家能不受辱，就任命他做上大夫。

此后秦国没有给赵国城池，赵国也到底没有把和氏璧给秦国。

后来，秦军攻打赵国，攻下石城。第二年秦军又攻打赵国，杀了赵国两万人。秦王派使臣告诉赵王，打算与赵王和好，在西河外渑池相会。赵王害怕秦国，打算不去。廉颇、蔺相如商量说：“如果大王不去，就显得赵国既软弱又怯懦。”赵王于是动身赴会，蔺相如随行。廉颇送到边境，跟赵王辞别时说：“大王这次出行，估计一路行程和会见的礼节完毕，直到回国，不会超过三十天。如果大王三十天没有回来，就请允许我立太子为王，以便断绝秦国要挟赵国的念头。”赵王同意了廉颇的建议，就和秦王在渑池会见。

秦王喝酒喝到高兴时说：“我私下听说赵王喜好音乐，请赵王弹弹瑟吧！”赵王就弹起瑟来。秦国的史官走上前来写道：“某年某月某日，秦王与赵王会盟饮酒，命令赵王弹瑟。”蔺相如走向前去说：“赵王私下听说秦王善于演奏秦地的乐曲，请允许我献盆缶给秦王（请秦王敲一敲），借此互相娱乐吧！”秦王发怒，不答应。于是蔺相如走上前去献上一个瓦缶，趁势跪下请求秦王敲击。秦王不肯敲击瓦缶。蔺相如说：“（如大王不肯击缶）在五步距离内，我能够把自己颈项里的血溅在大王身上！”秦王身边的侍从要杀蔺相如，蔺相如瞪着眼睛呵斥他们，他们都被吓退了。于是秦王很不高兴，只好为赵王敲了一下瓦缶。蔺相如回头召唤赵国史官写道：“某年某月某日，秦王为赵王击缶。”秦国的众大臣说：“请赵王用赵国的十五座城为秦王祝寿。”蔺相如也说：“请把秦国的都城咸阳送给赵王祝寿。”

直到酒宴结束，秦王始终未能占上风。赵国又大量陈兵边境以防备秦国入侵，秦军也不敢轻举妄动。

渑池会结束后，回到赵国，因为蔺相如功劳大，赵王任命他做上卿，位在廉颇之上。

廉颇说：“我做赵国的大将，有攻城野战的大功劳，而蔺相如只不过凭着几句言辞立了些功劳，他的职位却在我之上。再说蔺相如本来是卑贱的人，我感到羞耻，不甘心位居他之下！”扬言说：“我碰见蔺相如，一定要侮辱他。”蔺相如听到这些话后，不肯和他会面。每逢上朝时，常常托辞有病，不愿跟廉颇争位次的高下。过了些时候，蔺相如出门，远远看见廉颇，就掉转车子避开他。

蔺相如的门客都对主人说："我们离开父母兄弟而来侍奉您，不过是因为仰慕您的高尚品德。现在您与廉颇职位相同，廉将军散布一些恶言恶语，您却怕他，躲着他，怕得太过分了。平庸的人对这种情况尚且感到羞耻，更何况是将相呢！我们实在没有才能，请允许我们告辞吧！"蔺相如坚决挽留他们，说："你们看廉将军与秦王相比，哪个厉害？"门客回答说："（廉将军）不如秦王厉害。"蔺相如说："秦王那样的威风，我却敢在秦国的朝廷上呵斥他，侮辱他的臣子们。相如虽然才能低下，难道偏偏害怕廉将军吗？只不过我想：强大的秦国之所以不敢轻易侵犯赵国，只因为有我们两个人在啊！现在如果两虎相斗，势必不能都活下来。我之所以这样做，是以国家之急为先而以私仇为后啊！"

廉颇听到这话，解衣赤背，背着荆条，通过门客引导，到蔺相如家门请罪，说："我这个粗陋卑贱的人，不知道将军胸怀宽广至此！"

两人终于和好，成为生死之交。

【赏析】

《廉颇蔺相如列传》通过"完璧归赵""渑池之会"和"负荆请罪"三个故事，塑造了蔺相如机智勇敢、顾全大局的形象，也赞扬了廉颇勇于认错的精神。这篇文章充分展现了司马迁刻画人物的功力。

信陵君

魏公子无忌者，魏昭王少子而魏安厘王异母弟也。昭王薨，安厘王即位，封公子为信陵君。是时范雎亡魏相秦，以怨魏齐故，秦兵围大梁，破魏华阳下军，走芒卯。魏王及公子患之。

公子为人，仁而下士，士无贤不肖，皆谦而礼交之，不敢以其富贵骄士。士以此方数千里争往归之，致食客三千人。当是时，诸侯以公子贤，多客，不敢加兵谋魏十余年。

公子与魏王博，而北境传举烽，言“赵寇至，且入界”。魏王释博，欲召大臣谋。公子止王曰：“赵王田猎耳，非为寇也。”复博如故。王恐，心不在博。居顷，复从北方来传言曰：“赵王猎耳，非为寇也。”魏王大惊，曰：“公子何以知之？”公子曰：“臣之客有能深得赵王阴事者，赵王所为，客辄以报臣，臣以此知之。”是后魏王畏公子之贤能，不敢任公子以国政。

魏有隐士曰侯嬴，年七十，家贫，为大梁夷门监者。公子闻之，往请，欲厚遗之。不肯受，曰：“臣修身洁行数十年，终不以监门困故而受公子财。”公子于是乃置酒大会宾客。坐定，公子从车骑，虚左，自迎夷门侯生。侯生摄敝衣冠，直上载公子上坐，不让，欲以观公子。公子执辔愈恭。侯生又谓公子曰：“臣有客在市屠中，愿枉车骑过之。”公子引车入市，侯生下见其客朱亥，俾倪，故久立与其客语，微察公子，公子颜色愈和。当是时，魏将相宗室宾客满堂，待公子举酒。市人皆观公子执辔。从骑皆窃骂侯生。侯生视公子色终不变，乃谢客就车。至家，公子引侯生坐上坐，遍赞宾客，宾客皆惊。酒酣，公子起，为寿侯生前。侯生因谓公子曰：“今日嬴之为公子亦足矣！嬴乃夷门抱关者也，而公子亲枉车骑自迎嬴，于众人广坐之中，不宜有所过，今公子故过之。然嬴欲就公子之名，故久立公子车骑市中，过客以观公子，公子愈恭。市人皆以嬴为小人，而以公子为长者，能下士也。”

于是罢酒，侯生遂为上客。

侯生谓公子曰：“臣所过屠者朱亥，此子贤者，世莫能知，故隐屠间耳。”公子往数请之，朱亥故不复谢。公子怪之。

魏安厘王二十年，秦昭王已破赵长平军，又进兵围邯郸。公子姊为赵惠文王弟平原君夫人，数遗魏王及公子书，请救于魏。魏王使将军晋鄙将十万众救赵。秦王使使者告魏王曰："吾攻赵旦暮且下，而诸侯敢救者，已拔赵，必移兵先击之。"魏王恐，使人止晋鄙，留军壁邺，名为救赵，实持两端以观望。

平原君使者冠盖相属于魏，让魏公子曰："胜所以自附为婚姻者，以公子之高义，为能急人之困。今邯郸旦暮降秦而魏救不至，安在公子能急人之困也！且公子纵轻胜，弃之降秦，独不怜公子姊邪？"公子患之，数请魏王，及宾客辩士说王万端。魏王畏秦，终不听公子。

公子自度终不能得之于王，计不独生而令赵亡，乃请宾客，约车骑百余乘，欲以客往赴秦军，与赵俱死。行过夷门，见侯生，具告所以欲死秦军状。辞决而行，侯生曰："公子勉之矣，老臣不能从。"公子行数里，心不快，曰："吾所以待侯生者备矣，天下莫不闻，今吾且死而侯生曾无一言半辞送我，我岂有所失哉？"复引车还，问侯生。侯生笑曰："臣固知公子之还也。"曰："公子喜士，名闻天下。今有难，无他端而欲赴秦军，譬若以肉投馁虎，何功之有哉？尚安事客？然公子遇臣厚，公子往而臣不送，以是知公子恨之复返也。"公子再拜，因问。侯生乃屏人间语曰："嬴闻晋鄙之兵符常在王卧内，而如姬最幸，出入王卧内，力能窃之。嬴闻如姬父为人所杀，如姬资之三年，自王以下欲求报其父仇，莫能得。如姬为公子泣，公子使客斩其仇头，敬进如姬。如姬之欲为公子死，无所辞，顾未有路耳。公子诚一开口请如姬，如姬必许诺，则得虎符夺晋鄙军，北救赵而西却秦，此五霸之伐也。"公子从其计，请如姬。如姬果盗兵符与公子。

公子行，侯生曰："将在外，主令有所不受，以便国家。公子即合符，而晋鄙不授公子兵，而复请之，事必危矣。臣客屠者朱亥可与俱，此人力士。晋鄙听，大善；不听，可使击之。"于是公子泣。侯生曰："公子畏死邪？何泣也？"公子曰："晋鄙嚄唶宿将，往恐不听，必当杀之，是以泣耳，岂畏死哉？"于是公子请朱亥。朱亥笑曰："臣乃市井鼓刀屠者，而公子亲数存之，所以不报谢者，以为小礼无所用。今公子有急，此乃臣效命之秋也。"遂与公子俱。公子过谢侯生。侯生曰："臣宜从，老不能。请数公子行日，以至晋鄙军之日，北乡自刭，以送公子。"公子遂行。

至邺，矫魏王令代晋鄙。晋鄙合符，疑之，举手视公子曰："今吾拥十万之众，屯于境上，国之重任。今单车来代之，何如哉？"欲无听。朱亥袖四十斤铁椎椎杀晋鄙。

公子遂将晋鄙军。勒兵，下令军中，曰："父子俱在军中，父归。兄弟俱在军中，兄归。独子无兄弟，归养。"得选兵八万人，进兵击秦军。秦军解去，遂救邯郸，存赵。赵王及平原君自迎公子于界，平原君负韊矢为公子先引。赵王再拜曰："自古贤人未有及公子者也！"当此之时，平原君不敢自比于人。

公子与侯生决，至军，侯生果北乡自刭。

魏王怒公子之盗其兵符，矫杀晋鄙，公子亦自知也。已却秦存赵，使将将其军归魏，而公子独与客留赵。赵孝成王德公子之矫夺晋鄙兵而存赵，乃与平原君计，以五城封公子。公子闻之，意骄矜而有自功之色。客有说公子曰："物有不可忘，或有不可不忘。夫人有德于公子，公子不可忘也。公子有德于人，愿公子忘之也。且矫魏王令，夺晋鄙兵以救赵，于赵则有功矣，于魏则未为忠臣也。公子乃自骄而功之，窃为公子不取也。"于是公子立自责，似若无所容者。赵王扫除自迎，执主人之礼，引公子就西阶。公子侧行辞让，从东阶上。自言罪过，以负于魏，无功于赵。赵王侍酒至暮，口不忍献五城，以公子退让也。公子竟留赵。赵王以鄗为公子汤沐邑，魏亦复以信陵奉公子。

（节选自《魏公子列传》）

【译文】

魏公子无忌是魏昭王的小儿子、魏安王的异母弟弟。昭王去世后，安王继位，封公子为信陵君。当时范雎从魏国逃到秦国任秦相，因为怨恨魏齐屈打自己几乎致死，就派秦军围攻大梁，击败了魏国驻扎在华阳的部队，使魏将芒卯战败而逃。魏王和公子对这件事十分焦虑。

公子为人仁爱而尊重士人，士人无论是才能高的还是低的，他都谦逊而礼貌地结交他们，不敢因自己富贵（身份）而慢待士人。几千里内的士人都争着归附他，招来的食客（竟达）三千人。当时，诸侯由于公子的贤能，又有很多食客，因此十几年不敢兴兵谋取魏国。

有一次，公子跟魏王正在下棋，不想北边边境传来警报，说"赵国发兵进犯，将进入边境"。魏王放下棋子，就要召集大臣们商议对策。公子阻止魏王说："是赵王打猎罢了，不是进犯边境。"又接着跟魏王下棋，如同没发生什么事一样。可是魏王惊恐，心思全没放在下棋上。过了一会儿，又从北边传来消息说："是赵王打猎罢了，不是进犯边境。"魏王听后大感惊诧，问道："公子是怎么知道的？"公子回答说："我的食客中有个人能深入赵国探到赵王的秘密，赵王有什么行动，他就会立即报告我，我因此知道这件事。"从此以后，魏王畏惧公子贤能，不敢任用公子处理国家大事。

魏国有个隐士名叫侯嬴，七十岁了，家境贫寒，是大梁夷门的守门人。公子听说这个人，前往邀请，想送给他厚礼。侯嬴不肯接受，说："我几十年重视操守品行，终究不应因做守门人贫困而接受公子的钱财。"公子于是摆酒大宴宾客。（宾客）就坐之后，公子带着车马，空出左边的座位，亲自去迎接夷门的侯生。侯生撩起破旧的衣服，径直登上车，坐在左边的上位，并不谦让，想用这（一举动）来观察公子（的情态）。公子手执辔头，（表情）愈加恭敬。侯生又对公子说："我有个朋友在街市的肉铺里，希望委屈（您的）车马顺路拜访他。”公子便驾着车马进入街市，侯生下车拜见他的朋友朱亥，斜着眼睛偷看（公子），故意久久站着与朋友闲谈，暗中观察公子（的表情），公子的脸色更加温和。当时，魏国的将相、宗室等宾客坐满了厅堂，正等待公子开宴。街市上的人们都观看公子手执辔头。随从的人都偷偷地骂侯生。侯生观察公子的脸色始终没有变化，才辞别朋友上车。到公子家中，公子引侯生坐在上座，把宾客一个个介绍给他，宾客们都很惊讶。酒兴正浓的时候，公子起身，到侯生面前祝酒。侯生于是对公子说：“今天侯嬴为公子（打算）已经足够了。侯嬴（我）本是夷门的守门人，公子却亲自驾着车马去迎接我，在大庭广众之下，（我本）不应该有过访（朋友）的事情，现在公子却特意地（同我）去访问朋友。然而，侯嬴是为了成就公子的名声，才故意使公子的车马久久地站在街市里，借访问朋友来观察公子，公子（的态度）却愈加恭敬。街市的人都以为侯嬴是个小人，而以为公子是个宽厚的人，能谦恭地对待士人。”

于是酒宴结束，侯生便成为上等宾客。

侯生对公子说：“我访问的屠者朱亥，是个贤能的人，世人不了解他，所以才隐居在屠市之中。”公子拜访朱亥，多次请他，朱亥故意不回拜，公子感到奇怪。

魏安王二十年，秦昭王已经击破了赵国长平的军队，又进兵包围邯郸。公子的姐姐是赵惠文王的弟弟平原君的夫人，多次送信给魏王和公子，向魏国求救。魏王派将军晋鄙率领十万军队援救赵国。秦王派使者警告魏王说：“我攻打赵国，朝夕之间将可攻下，诸侯（有）敢于援救（赵国）的，（待我）拿下赵国之后，一定调动军队先去攻打他。”魏王恐惧，派人制止晋鄙，使军队留在邺城筑垒，名义上是援救赵国，实际上是观望双方（的形势）。

平原君的使者车马相连地来往于魏国，（平原君）责备魏公子说：“赵胜（我）之所以自愿地攀附（公子）并结为婚姻，是因为（我）认为公子有高尚的节义，能够解救他人的危难。现在邯郸城朝夕之间将要归服秦国，而魏国的救兵却没有到达，公子解救人危难的精神何在！况且，公子即使轻视（我）赵胜，抛弃我，使我归服秦国，难道不怜惜你的姐姐吗？”公子为这件事很忧虑，多次请求魏王（出兵），并让他的宾客中有辩才的千方百计地劝说魏王。魏王怕秦国，始终没有听从公子（的劝谏）。

公子自己估计终究不能说服魏王，决计（自己）不单独生存而让赵国灭亡，于是约请宾客，准备了百余辆车骑，想带着宾客前去抗击秦军，与赵国共存亡。（信陵君）路过夷门，见到侯生，把想同秦军拼死一战的情况详细告诉了侯生。然后，（与侯生）诀别而起程，侯生说：“公子努力吧！老臣不能随从（前往）。”公子走了几里路，心中很不舒服，想道：“我对待侯生的礼节也算够周到了，天下没有不知道的，现在我将要战死而侯生竟然没有一言半语送我，我难道有什么失礼的地方吗？”于是又带领车骑返回，询问侯生。侯生笑着说："我原知道公子会回来的。"接着又说："公子喜欢士人，名声传遍天下，现在有了危难，没有别的办法，却想到同秦军去拼死，这好比把肉投给饥饿的老虎，能有什么功效呢？（如果这样，）还要门客做什么呢？然而公子待我很优厚，公子前往而我竟没有相送，因此知道公子会感到遗憾而再回来的。"公子连拜两拜，请教（侯生）。侯生才屏退众人悄悄地说："侯嬴听说晋鄙的兵符常放在魏王的卧室里，而如姬最受魏王宠幸，（每天）出入魏王的卧室，有机会将这东西偷出来。侯嬴又听说如姬的父亲被人杀害，如姬立意报仇已经三年，魏王以下的人都想为她父亲报仇，但没有做到。如姬对公子哭诉（此事），公子派门客斩掉她仇人的头颅，献给如姬。如姬想为公子去死，在所不辞，只是没有机会罢了。只要公子开一开口，请求如姬（相助），如姬必定许诺，那么，就可以得到虎符，夺过晋鄙的军权，北边援救赵国，西边打退秦军，这是五霸的功勋啊！"公子听从了他的计策，请求如姬（相助）。如姬果然盗得晋鄙的兵符给了公子。

公子起程时，侯生说："将军在外（作战），国君的命令也有不接受的，（这样）对国家有好处。公子合上兵符之后，如果晋鄙不把兵权交给公子，却再次请示魏王，事情就一定很危险了。我的朋友朱亥可以同公子一道（前往），这个人是个大力士。晋鄙如果听从，极好；如果不听从，可以（让朱亥）击杀他。"于是公子哭了。侯生说："公子怕死吗？为什么哭呢？"公子说："晋鄙是一个有威势的老将，（我）前去，恐怕（他）不听从，那就要杀掉他，因此才哭泣！哪里是怕死呢！"于是公子邀请朱亥。朱亥笑着说："我本是街市中一个拿刀的屠夫，而公子多次亲自慰问我，我没有回报的原因，是觉得微小的礼节没有什么用处。现在公子有了危难，这正是我效命的时机呀！"于是与公子同行。

公子到侯生那里辞别。侯生说："我应当跟随（公子前往），但因为年老而不能（前去）。请（让我）计算公子的行期，在到达晋鄙军营的那一天，我将面朝北而自杀，用这个给公子送行。"公子于是出发了。

到了邺城，（公子）假传魏王的命令取代晋鄙。晋鄙合上兵符，怀疑这件事，举手看着公子说："现在我率领十万军队，在边境屯军，这是国家的重任，现在你单车来代替我，怎么回事？"想不听从（公子）。朱亥用袖里藏着的四十斤重的铁锥，打死了晋鄙。

公子于是掌管了晋鄙的军队。他约束士兵，在军中传达命令说："父子都在军中的，父亲回去；兄弟都在军中的，哥哥回去；独生子没有兄弟的，回去赡养（父母）。"于是得到精选的士兵八万人，进兵攻击秦军。秦兵解围而去，于是解救了邯郸，保全了赵国。赵王和平原君亲自到边境迎接公子，平原君背着箭筒和弓箭为公子作向导。赵王拜了又拜说："自古贤德的人没有比得上公子的。"在这时，平原君不敢把自己同信陵君相比。

公子与侯生诀别之后，到了（晋鄙的）军营，侯生果然面朝北方自杀了。

魏王对公子盗走他的兵符，假传命令杀了晋鄙一事，很恼怒，公子自己也知道（这一点）。他击退秦军保全赵国之后，派将领统率军队回到魏国，而自己却与门客留在赵国。赵孝成王感激公子假托君命夺取晋鄙军权从而保住赵国这一义举，就与平原君商量,把五座城邑封赏给公子。公子听到这个消息后,产生了骄傲自大的情绪，露出了居功自满的神色。门客中有个人劝说公子道："事物有不可以忘记的，也有不可以不忘记的。别人对公子有恩德，公子不可以忘记；公子对别人有恩德，希望公子忘掉它。况且假托魏王命令,夺取晋鄙兵权去救赵国,这对赵国来说算是有功劳了，但对魏国来说那就不算忠臣了。公子却因此自以为有功，觉得了不起，我私下认为公子实在不应该。"公子听后，立刻责备自己，好像无地自容一样。赵王打扫了殿堂台阶，召开盛大的欢迎宴会，亲自到门口迎接公子，并执行主人的礼节，领着公子走进殿堂的西边台阶。公子则侧着身子走，一再推辞谦让，并主动从东边的台阶升堂。宴会上，公子称说自己有罪，对不起魏国，于赵国也无功劳可言。赵王陪着公子饮酒直到傍晚，始终不好意思开口谈封献五座城邑的事，因为公子总是在谦让自责。公子终于留在了赵国。赵王把鄗（hào）邑封赏给公子，这时魏王也把信陵邑又奉还给公子了。

【赏析】

信陵君窃符救赵这件事，发生在周赧王五十七年，即公元前 258 年。当时属战国末期，秦国吞并六国日亟，战争进行得频繁而激烈。公元前 260 年，在长平之战中，秦国大破赵军，坑杀赵国降卒 40 万。秦国又乘胜攻进攻赵国首都邯郸，企图一举灭赵，再进一步吞并韩、魏、楚、燕、齐等国，完成统一中国的计划。当时的形势十分紧张，特别是赵国首都被围甚急，诸侯都为秦国的兵威所慑，不敢援助。魏国是赵国的近邻，又是姻亲之国，因此赵国只得向魏国求援。就魏国来说，唇亡齿寒，救邻即自救，存赵就是存魏，如果赵亡，魏也将随之灭亡。信陵君认识到了这一点，才不惜冒险犯难，窃符救赵，抗击秦兵。终于，信陵君挫败了敌人的图谋，保障了两国的安全。

汉高祖刘邦

高祖，沛丰邑中阳里人，姓刘氏，字季。父曰太公，母曰刘媪。其先刘媪尝息大泽之陂，梦与神遇。是时雷电晦冥，太公往视，则见蛟龙于其上。已而有身，遂产高祖。

高祖为人，隆准而龙颜，美须髯，左股有七十二黑子。仁而爱人，喜施，意豁如也。常有大度，不事家人生产作业。及壮，试为吏，为泗水亭长，廷中吏无所不狎侮。好酒及色。常从王媪、武负贳酒，醉卧，武负、王媪见其上常有龙，怪之。高祖每酤留饮，酒雠数倍。及见怪，岁竟，此两家常折券弃责。

高祖常繇咸阳，纵观，观秦皇帝，喟然太息曰："嗟乎，大丈夫当如此也！"

单父人吕公善沛令，避仇从之客，因家沛焉。沛中豪桀吏闻令有重客，皆往贺。萧何为主吏，主进，令诸大夫曰："进不满千钱，坐之堂下。"高祖为亭长，素易诸吏，乃绐为谒曰"贺钱万"，实不持一钱。谒入，吕公大惊，起，迎之门。吕公者，好相人，见高祖状貌，因重敬之，引入坐。萧何曰："刘季固多大言，少成事。"高祖因狎侮诸客，遂坐上坐，无所诎。酒阑，吕公因目固留高祖。高祖竟酒，后。吕公曰："臣少好相人，相人多矣，无如季相，愿季自爱。臣有息女，愿为季箕帚妾。"酒罢，吕媪怒吕公曰："公始常欲奇此女，与贵人。沛令善公，求之不与，何自妄许与刘季？"吕公曰："此非儿女子所知也。"卒与刘季。吕公女乃吕后也，生孝惠帝、鲁元公主。

高祖为亭长时，常告归之田。吕后与两子居田中耨，有一老父过请饮，吕后因铺之。老父相吕后曰："夫人天下贵人。"令相两子，见孝惠，曰："夫人所以贵者，乃此男也。"相鲁元，亦皆贵。老父已去，高祖适从旁舍来，吕后具言客有过，相我子母皆大贵。高祖问，曰："未远。"乃追及，问老父。老父曰："乡者夫人婴儿皆似君，君相贵不可言。"高祖乃谢曰："诚如父言，不敢忘德。"及高祖贵，遂不知老父处。

高祖为亭长，乃以竹皮为冠，令求盗之薛治之，时时冠之，及贵常冠，所谓"刘氏冠"乃是也。

高祖以亭长为县送徒郦山，徒多道亡。自度比至皆亡之，到丰西泽中，止饮，夜乃解纵所送徒。曰："公等皆去，吾亦从此逝矣！"徒中壮士愿从者十余人。高祖被酒，夜径泽中，令一人行前。行前者还报曰："前有大蛇当径，愿还。"高祖醉，曰："壮士行，何畏！"乃前，拔剑击斩蛇。蛇遂分为两，径开。行数里，醉，因卧。后人来至蛇所，有一老妪夜哭。人问何哭，妪曰："人杀吾子，故哭之。"人曰："妪子何为见杀？"妪曰："吾子，白帝子也，化为蛇，当道，今为赤帝子斩之，故哭。"人乃以妪为不诚，欲告之，妪因忽不见。后人至，高祖觉。后人告高祖，高祖乃心独喜，自负。诸从者日益畏之。

秦始皇帝尝曰"东南有天子气"，于是因东游以厌之。高祖即自疑，亡匿，隐于芒、砀山泽岩石之间。吕后与人俱求，常得之。高祖怪问之。吕后曰："季所居上常有云气，故从往常得季。"高祖心喜。沛中子弟或闻之，多欲附者矣。

秦二世元年秋，陈胜等起蕲，至陈而王，号为"张楚"。诸郡县皆多杀其长吏以应陈涉。沛令恐，欲以沛应涉。掾、主吏萧何、曹参乃曰："君为秦吏，今欲背之，率沛子弟，恐不听。愿君召诸亡在外者，可得数百人，因劫众，众不敢不听。"乃令樊哙召刘季。刘季之众已数十百人矣。

于是樊哙从刘季来。沛令后悔，恐其有变，乃闭城城守，欲诛萧、曹。萧、曹恐，逾城保刘季。刘季乃书帛射城上，谓沛父老曰："天下苦秦久矣。今父老虽为沛令守，诸侯并起，今屠沛。沛今共诛令，择子弟可立者立之，以应诸侯，则家室完。不然，父子俱屠，无为也。"父老乃率子弟共杀沛令，开城门迎刘季，欲以为沛令。刘季曰："天下方扰，诸侯并起，今置将不善，一败涂地。吾非敢自爱，恐能薄，不能完父兄子弟。此大事，愿更相推择可者。"萧、曹等皆文吏，自爱，恐事不就，后秦种族其家，尽让刘季。诸父老皆曰："平生所闻刘季诸珍怪，当贵，且卜筮之，莫如刘季最吉。"于是刘季数让。众莫敢为，乃立季为沛公。祠黄帝，祭蚩尤于沛庭，而衅鼓旗，帜皆赤。由所杀蛇白帝子，杀者赤帝子，故上赤。于是少年豪吏如萧、曹、樊哙等皆为收沛子弟二三千人，攻胡陵、方与，还守丰。

……

汉元年十月，沛公兵遂先诸侯至霸上。秦王子婴素车白马，系颈以组，封皇帝玺符节，降轵道旁。诸将或言诛秦王。沛公曰："始怀王遣我，固以能宽容；且人已服降，又杀之，不祥。"乃以秦王属吏，遂西入咸阳。欲止宫休舍，樊哙、张良谏，乃封秦重宝财物府库，还军霸上。召诸县父老豪桀曰："父老苦秦苛法久矣，诽谤者族，偶语者弃市。吾与诸侯约，先入关者王之，吾当王关中。与父老约，法三章耳：杀人者死，伤人及盗抵罪。余悉除去秦法。诸吏人皆案堵如故。凡吾所以来，为父老除害，非有所侵暴，无恐！且吾所以还军霸上，待诸侯至而定约束耳。"乃使人与秦吏行县乡邑，告谕之。秦人大喜，争持牛羊酒食献飨军士。沛公又让不受，曰："仓粟多，非乏，不欲费人。"人又益喜，唯恐沛公不为秦王。

或说沛公曰："秦富十倍天下，地形强。今闻章邯降项羽，项羽乃号为雍王，王关中。今则来，沛公恐不得有此。可急使兵守函谷关，无内诸侯军，稍征关中兵以自益，距之。"沛公然其计，从之。十一月中，项羽果率诸侯兵西，欲入关，关门闭。闻沛公已定关中，大怒，使黥布等攻破函谷关。十二月中，遂至戏。沛公左司马曹无伤闻项王怒，欲攻沛公，使人言项羽曰："沛公欲王关中，令子婴为相，珍宝尽有之。"欲以求封。亚父劝项羽击沛公。方飨士，旦日合战。是时项羽兵四十万，号百万。沛公兵十万，号二十万，力不敌。会项伯欲活张良，夜往见良，因以文谕项羽，项羽乃止。沛公从百余骑，驱之鸿门，见谢项羽。项羽曰："此沛公左司马曹无伤言之。不然，籍何以生此！"沛公以樊哙、张良故，得解归。归，立诛曹无伤。

项羽遂西，屠烧咸阳秦宫室，所过无不残破。秦人大失望，然恐，不敢不服耳。

……

高祖置酒洛阳南宫。高祖曰："列侯诸将无敢隐朕，皆言其情。吾所以有天下者何？项氏之所以失天下者何？"高起、王陵对曰："陛下慢而侮人，项羽仁而爱人。然陛下使人攻城略地，所降下者因以予之，与天下同利也。项羽妒贤嫉能，有功者害之，贤者疑之，战胜而不予人功，得地而不予人利，此所以失天下也。"高祖曰："公知其一，未知其二。夫运筹策帷帐之中，决胜于千里之外，吾不如子房。镇国家，抚百姓，给馈饷，不绝粮道，吾不如萧何。连百万之军，战必胜，攻必取，吾不如韩信。此三者，皆人杰也，吾能用之，此吾所以取天下也。项羽有一范增而不能用，此其所以为我擒也。"

高祖欲长都洛阳，齐人刘敬说，乃留侯劝上入都关中，高祖是日驾，入都关中。六月，大赦天下。

……

未央宫成。高祖大朝诸侯群臣，置酒未央前殿。高祖奉玉卮，起为太上皇寿，曰："始大人常以臣无赖，不能治产业，不如仲力。今某之业所就孰与仲多？"殿上群臣皆呼万岁，大笑为乐。

（节选自《高祖本纪》）

【译文】

高祖是沛郡丰邑县（今江苏丰县）中阳里人，姓刘，字季。他的父亲是太公，母亲是刘媪。刘媪曾经在大湖的岸边休息，梦中与神相遇。当时电闪雷鸣，太公去找刘媪，看见一条蛟龙趴在她的身上。不久刘媪就有了身孕，生下高祖。

高祖这个人很有帝王之相，额头高高隆起，鬓角和胡须很漂亮，左边大腿上有七十二颗黑痣。他仁义而爱人，喜好施舍，大方豪爽。他平素有远大的抱负，不跟老百姓一样做生产之事。成年以后通过考试成为一名官吏，当泗水的亭长，亭中的小吏没有不被他欺侮的。他喜喝酒，好美色，常常到王媪、武负的酒肆赊酒喝，醉了就睡，武负和王媪看到高祖的上方常常有龙盘旋，觉得很奇怪。高祖每次留在酒肆里喝酒，买酒的人就会增加，售出去的酒达到平常的几倍。等到看见了有龙出现的怪现象，到了年终，这两家常常毁掉欠据，免除高祖的债务。

高祖曾经到咸阳去服徭役，有一次秦始皇出巡，允许人们随意观看，他看到了秦始皇，长叹一声说："唉，大丈夫就应该像这样！"

单父人吕公与小沛的县令要好，为躲避仇人投奔到县令这里来，于是就在小沛安了家。沛中的豪杰、官吏们听说县令有贵客，都前往祝贺。萧何当时是县令的属官，掌管收贺礼事宜，他对那些送礼的宾客们说："送礼不满千金的，让他坐到堂下。"高祖做亭长，平素就看不起这帮官吏，于是在进见的名帖上谎称"贺钱一万"，其实他一个钱也没带。名帖递进去了，吕公见了高祖大为吃惊，赶快起身，到门口去迎接他。吕公这个人喜欢给人相面，看见高祖的相貌，就非常敬重他，把他领到堂上坐下。萧何说："刘季一向满口大话，很少做成什么事。"高祖就趁机戏弄那些宾客，干脆坐到上座去，一点儿也不谦让。酒喝得尽兴了，吕公于是向高祖递眼色，让他一定留下来。高祖喝完了酒，就留在后面。吕公说："我从年轻的时候就喜欢给人相面，相过面的人多了去了，没有谁能比得上你刘季的面相，希望你好自珍爱。我有一个女儿，愿意许配给你做洒扫妻妾。"酒宴散了，吕媪对吕公大为恼火，说："你起初总是认为这个女儿能出人头地，打算把她许配给一个贵人。小沛县令跟你要好，想娶这个女儿，你不同意，今天你为什么随随便便地就把她许给刘季了呢？"吕公说："这不是女人家所懂得的。"终于把女儿嫁给刘季了。吕公的女儿就是吕后，生了孝惠帝和鲁元公主。

高祖做亭长的时候，经常请假回家到田里去。有一次吕后和孩子正在田中除草，有一个老汉从这里经过讨水喝，吕后让他喝了水，还拿饭给他吃。老汉给吕后相面说："夫人真是天下的贵人。"吕后又让他给两个孩子相面，他见了孝惠帝，说："夫人之所以显贵，正是因为这个男孩子。"他又给鲁元相面，也同样是富贵面相。老汉走后，高祖正巧从旁边的房舍走来，吕后就把刚才那老人经过此地，给他们看相，说他们母子都是富贵之相的情况，原原本本地告诉了高祖。高祖问这个人在哪儿，吕后说："还走不远。"于是高祖就去追上了老汉，问他刚才的事，老汉说："刚才我看贵夫人及子女的面相都很像您，您的面相简直是贵不可言。"高祖于是道谢说："如果真的像您所说，我绝不会忘记您的恩德。"等到高祖显贵后，却始终不知道老汉的去处。

高祖做亭长时，喜欢戴用竹皮编成的帽子，他让掌管捕盗的差役到薛地去制作，经常戴着，到后来显贵了，仍旧经常戴着，人们所说的"刘氏冠"，指的就是这种帽子。

高祖以亭长的身份为沛县押送徒役去郦山，徒役们有很多在半路上逃走了。高祖估计等到了郦山就会都逃光了，（所以）走到丰西大泽中时，就停下来饮酒，趁着夜色把所有的徒役都放了。高祖说："你们都逃命去吧，从此我也要远远地走了！"徒役中有十多个壮士愿意跟随他一块儿走。高祖乘着酒意，夜里抄小路通过沼泽地，让一个人在前边先走。走在前边的人回来报告说："前边有条大蛇挡在路上，还是回去吧。"高祖已醉，说："大丈夫走路，有什么可怕的！"于是赶到前面，拔剑去斩大蛇。于是大蛇被斩成两截，道路打通了。继续往前走了几里，醉得厉害了，就躺倒在地上。后边的人来到斩蛇的地方，看见有一个老妇在暗夜中哭泣。有人问她为什么哭，老妇人说："有人杀了我的孩子，所以哭。"有人问："你的孩子为什么被杀呢？"老妇说："我的孩子是白帝之子，变化成蛇，挡在道路中间，如今被赤帝之子杀了，所以哭。"众人以为老妇人是在说谎，正要打她，老妇人却忽然不见了。后面的人赶上了高祖，高祖醒了。那些人把刚才的事告诉了高祖，高祖心中暗暗高兴，更加自负。那些追随他的人也渐渐地畏惧他了。

秦始皇帝曾说"东南方有象征天子的一团云气"，于是巡游东方，想借此把它压下去。高祖怀疑自己带着这团云气，就逃到外边，躲在芒山、砀山一带的深山湖泽之间。吕后和别人一起去找，常常能找到他。高祖奇怪地问她怎么能找到，吕后说："你所在的地方，上空常有一团云气，顺着去找就常常能找到你。"高祖心里更加欢喜。沛县的年轻人中有人听说了这件事，许多人都愿意依附于他。

秦二世元年的秋天，陈胜等在蕲县起事，打到陈的时候，自称为王，定国号为"张楚"。许多郡县都杀了长官来响应陈涉。沛县县令非常惊恐，也想率领沛县的人响应陈涉。于是主吏萧何、狱吏曹参说："您作为秦朝的官吏，现在想背叛秦朝，率领沛县的子弟起义，恐怕没有人会听从命令。希望您召回那些逃亡在外的人，大约可召集到几百人，用他们来胁迫众人，众人就不敢不听从命令了。"于是派樊哙去叫刘季。这时，刘季的追随者已经有几十上百人了。

于是樊哙带着刘季一块儿回来了。沛县县令在樊哙走后后悔了，害怕刘季来了会发生什么变故，就关闭城门，据守城池（不让刘季进城），而且想要杀掉萧何、曹参。萧何、曹参害怕了，翻墙跑出来依附刘季，以求得保护。于是刘季用帛写了封信射到城上去，向沛县的父老百姓宣告说："天下百姓为秦政所苦已经很久了。现在父老们虽然为沛令守城，但是各地诸侯全都起来了，很快就要屠戮到沛县。如果现在沛县父老一起把沛县县令杀掉，从年轻人中选择可以拥立的人立他为首领，来响应各地诸侯，那么你们的家室就可得到保全。不然的话，全县老少都要遭屠杀，那时就什么也做不成了。"于是沛县父老率领县中子弟一起杀掉了县令，打开城门迎接刘季，想要让他当沛县县令。刘季说："如今正当乱世，诸侯纷纷起事，如果安排将领人选不妥当，就将一败涂地。我并不敢顾惜自己的性命，只是怕自己能力小，不能保全父老兄弟。这是一件大事，希望大家一起推选出能胜任的人。”萧何、曹参等都是文官，都顾惜性命，害怕起事不成遭到满门抄斩之祸，极力地推让刘季。城中父老也都说：“平素听说了刘季那么多奇异之事，必当显贵，而且占卜没有谁比得上你刘季吉利的。”刘季还是再三推让。众人没有敢当沛县县令的，就立刘季做了沛公。于是在沛县祭祀能定天下的黄帝和善制兵器的蚩尤，把牲血涂在旗鼓上以祭旗祭鼓，旗帜都是红色的。这是由于被杀的那条蛇是白帝之子，而杀蛇那个人是赤帝之子，因此崇尚红色。那些年轻有为的官吏如萧何、曹参、樊哙等都为沛公去招收沛县中的年轻人，共招了两三千人，一起攻打胡陵、方与，然后退回驻守丰邑。

汉元十月，沛公的军队在各路诸侯中最先到达霸上。秦王子婴驾着白车白马，用丝绳系着脖子，封好皇帝的御玺和符节，在轵（zhǐ）道旁投降。将领们有的说应该杀掉秦王。沛公说：“当初怀王派我进攻关中，就是认为我能宽厚容人；再说人家已经投降了，又杀掉人家，这么做不吉利。”于是把秦王交给主管官吏，就向西进入咸阳。沛公想留在秦宫中休息，樊哙、张良劝阻，这才下令把秦宫中的珍宝财物和库府都封好，然后退回来驻扎在霸上。沛公召来各县的老者和有才德、名望的人，对他们说：“父老们受秦朝苛虐法令的苦已经很久了，批评朝政得失的要灭族，相聚谈话的要处以死刑。我和诸侯们约定，谁首先进入关中就在这里做王，所以我应当当关中王。现在我和父老们约定，法律只有三条：杀人者处死刑，伤人者和抢劫者依法治罪。其余凡是秦朝的法律全部废除。所有官吏和百姓都像往常一样，安居乐业。总之，我到这里来，就是要为父老们除害，不会对你们有任何侵害，请不要害怕！再说，我之所以把军队撤回霸上，是想等着各路诸侯到来，共同制定一个规约。”随即派人和秦朝的官吏一起到各县镇、乡村巡视，向民众讲明情况。秦地的百姓都非常喜悦，争着送来牛羊酒食，慰劳士兵。沛公推让不肯接受，说：“仓库里的粮食不少，并不缺乏，不想让大家破费。”人们更加高兴，唯恐沛公不在关中做秦王。

有人游说沛公说：“秦地的富足是其他地区的十倍，地理形势又好。现在听说章邯投降项羽，项羽给他的封号是雍王，在关中称王。如今要是他来了，沛公您恐怕就不能拥有这个地方了。可以赶快派军队守住函谷关，不要让诸侯军进来。并且逐步征集关中的兵卒，加强自己的实力，以便抵抗他们。”沛公认为他的话有道理，就依从了他的计策。十一月中旬，项羽果然率领诸侯军西进，想要进入函谷关。可是关门闭着。（项羽）听说沛公已经平定了关中，非常恼火，就派黥布等攻克了函谷关。十二月中旬，到达戏水。沛公的左司马曹无伤听说项羽发怒，想要攻打沛公，就派人去对项羽说：“沛公要在关中称王，让子婴做丞相，把秦宫所有的珍宝都据为己有。”曹无伤想借此求得项羽的封赏。亚父范增劝说项羽攻打沛公，项羽正在犒劳将士，准备次日和沛公会战。这时项羽的兵力有四十万，号称百万。沛公的兵力有十万，号称二十万，实力不敌项羽。恰巧项伯要救张良，使他不至于与沛公一起送死，趁夜来沛公军营见张良，因而有机会让项伯向项羽说了一番道理，项羽这才作罢。次日沛公带了百余名随从骑兵，驱马来到鸿门见项羽，向他道歉。项羽说："这是沛公左司马曹无伤说的，不然我怎么会这样呢！"沛公因为是带着樊哙、张良去的，才得以脱身返回。回到军营，立即杀了曹无伤。

项羽于是向西行进，一路屠杀，焚烧了咸阳城内的秦王朝宫室，所经过的地方，没有不遭毁灭的。秦地的人们对项羽非常失望，但又害怕，不敢不服从他。

……

高祖在洛阳南宫设酒宴。高祖说："各位王侯将领你们不能瞒我，都要说真心话。我之所以能取得天下，是因为什么呢？项羽之所以失去天下，又是因为什么呢？"高起、王陵回答说："陛下傲慢且好侮辱别人，项羽仁厚且爱护别人。可是陛下派人攻打城池夺取土地，所攻下和降服的地方就分封给人们，跟天下人同享利益。而项羽却妒贤嫉能，有功的就忌妒人家，有才能的就怀疑人家，打了胜仗不给人家授功，夺得了土地不给人家好处，这就是他失去天下的原因。"高祖说："你们只知其一，不知其二。如果说运筹帷幄之中，决胜于千里之外，我比不上张良；镇守国家，安抚百姓，供给粮饷，不断绝粮道，我比不上萧何；统率百万大军，只要作战就一定胜利，进攻就一定能攻取，我比不上韩信。这三个人都是人中的俊杰，我却能够使用他们，这就是我能够取得天下的原因。项羽虽然有一个范增，却不能相信他、使用他，这就是他被我擒获的原因。"

高祖打算长期定都洛阳，齐人刘敬劝说他，留侯张良也劝说他进入关中定都，他当天就起驾入关，到关中去建都。六月，大赦天下。

……

未央宫建成了。高祖大会诸侯、群臣，在未央宫前殿设酒宴。高祖捧着玉制酒杯，起身向太上皇献酒祝寿，说："当初大人常以为我没有才能，无可倚仗，不会经营产业，比不上刘仲勤苦努力。可是现在我的产业和刘仲相比，谁的多呢？"殿上群臣都呼喊万岁，大笑取乐。

【赏析】

都说刘邦出身低微，性格油滑，看不出有什么雄才大略，那么他是凭借什么来率领一班豪杰推翻暴秦，打败大英雄项羽并建立大汉帝国的呢？司马迁从三个方面分析了他的成功之道：君命天授，善于用人，收买人心。

楚霸王项羽

项籍者，下相人也，字羽。初起时，年二十四。其季父项梁，梁父即楚将项燕，为秦将王翦所戮者也。项氏世世为楚将，封于项，故姓项氏。

项籍少时，学书不成，去学剑，又不成。项梁怒之。籍曰："书足以记名姓而已。剑一人敌，不足学，学万人敌。"于是项梁乃教籍兵法，籍大喜，略知其意，又不肯竟学。项梁尝有栎阳逮，乃请蕲狱掾曹咎书抵栎阳狱掾司马欣，以故事得已。

项梁杀人，与籍避仇于吴中。吴中贤士大夫皆出项梁下。每吴中有大繇役及丧，项梁常为主办，阴以兵法部勒宾客及子弟，以是知其能。

秦始皇帝游会稽，渡浙江，梁与籍俱观。籍曰："彼可取而代也。"梁掩其口，曰："毋妄言，族矣！"梁以此奇籍。

籍长八尺余，力能扛鼎，才气过人，虽吴中子弟皆已惮籍矣。

……

沛公军霸上，未得与项羽相见。沛公左司马曹无伤使人言于项羽曰："沛公欲王关中，使子婴为相，珍宝尽有之。"项羽大怒，曰："旦日飨士卒，为击破沛公军！"当是时，项羽兵四十万，在新丰鸿门，沛公兵十万，在霸上。范增说项羽曰："沛公居山东时，贪于财货，好美姬。今入关，财物无所取，妇女无所幸，此其志不在小。吾令人望其气，皆为龙虎，成五采，此天子气也。急击勿失。"

楚左尹项伯者，项羽季父也，素善留侯张良。张良是时从沛公，项伯乃夜驰之沛公军，私见张良，具告以事，欲呼张良与俱去。曰："毋从俱死也。"张良曰："臣为韩王送沛公，沛公今事有急，亡去不义，不可不语。"良乃入，具告沛公。沛公大惊，曰："为之奈何？"张良曰："谁为大王为此计者？"曰："鲰生说我曰'距关，毋内诸侯，秦地可尽王也'。故听之。"良曰："料大王士卒足以当项王乎？"沛公默然，曰："固不如也，且为之奈何？"张良曰："请往谓项伯，言沛公不敢背项王也。"沛公曰："君安与项伯有故？"张良曰："秦时与臣游，项伯杀人，臣活之。今事有急，故幸来告良。"沛公曰："孰与君少长？"良曰："长于臣。"沛公曰："君为我呼入，吾得兄事之。"

张良出，要项伯。项伯即入见沛公。沛公奉卮酒为寿，约为婚姻，曰："吾入关，秋毫不敢有所近，籍吏民，封府库，而待将军。所以遣将守关者，备他盗之出入与非常也。日夜望将军至，岂敢反乎！愿伯具言臣之不敢倍德也。”项伯许诺。谓沛公曰：“旦日不可不蚤自来谢项王。”沛公曰：“诺。”于是项伯复夜去，至军中，具以沛公言报项王。因言曰：“沛公不先破关中，公岂敢入乎？今人有大功而击之，不义也，不如因善遇之。”项王许诺。

沛公旦日从百余骑来见项王，至鸿门，谢曰：“臣与将军戮力而攻秦，将军战河北，臣战河南，然不自意能先入关破秦，得复见将军于此。今者有小人之言，令将军与臣有隙。”项王曰：“此沛公左司马曹无伤言之；不然，籍何以至此。”项王即日因留沛公与饮。项王、项伯东向坐。亚父南向坐，亚父者，范增也。沛公北向坐，张良西向侍。范增数目项王，举所佩玉玦以示之者三，项王默然不应。范增起，出召项庄，谓曰：“君王为人不忍，若入前为寿，寿毕，请以剑舞，因击沛公于坐，杀之。不者，若属皆且为所虏。”

庄则入为寿，寿毕，曰：“君王与沛公饮，军中无以为乐，请以剑舞。”项王曰：“诺。”项庄拔剑起舞，项伯亦拔剑起舞，常以身翼蔽沛公，庄不得击。

于是张良至军门，见樊哙。樊哙曰：“今日之事何如？”良曰：“甚急。今者项庄拔剑舞，其意常在沛公也。”哙曰：“此迫矣，臣请入，与之同命。”哙即带剑拥盾入军门。交戟之卫士欲止不内，樊哙侧其盾以撞，卫士仆地，哙遂入，披帷西向立，瞋目视项王，头发上指，目眦尽裂。项王按剑而跽曰：“客何为者？”张良曰：“沛公之参乘樊哙者也。”项王曰：“壮士，赐之卮酒。”则与斗卮酒。哙拜谢，起，立而饮之。项王曰：“赐之彘肩。”则与一生彘肩。樊哙覆其盾于地，加彘肩上，拔剑切而啖之。项王曰：“壮士，能复饮乎？”樊哙曰：“臣死且不避，卮酒安足辞！夫秦王有虎狼之心，杀人如不能举，刑人如恐不胜，天下皆叛之。怀王与诸将约曰‘先破秦入咸阳者王之’。今沛公先破秦入咸阳，毫毛不敢有所近，封闭宫室，还军霸上，以待大王来。故遣将守关者，备他盗出入与非常也。劳苦而功高如此，未有封侯之赏，而听细说，欲诛有功之人。此亡秦之续耳，窃为大王不取也。”项王未有以应，曰：“坐。”樊哙从良坐。

坐须臾，沛公起如厕，因招樊哙出。

沛公已出，项王使都尉陈平召沛公。沛公曰：“今者出，未辞也，为之奈何？”樊哙曰：“大行不顾细谨，大礼不辞小让。如今人方为刀俎，我为鱼肉，何辞为。”于是遂去。乃令张良留谢。良问曰：“大王来何操？”曰：“我持白璧一双，欲献项王，玉斗一双，欲与亚父，会其怒，不敢献。公为我献之。”张良曰：“谨诺。”

当是时，项王军在鸿门下，沛公军在霸上，相去四十里。沛公则置车骑，脱身独骑，与樊哙、夏侯婴、靳强、纪信等四人持剑盾步走，从郦山下，道芷阳间行。沛公谓张良曰："从此道至吾军，不过二十里耳。度我至军中，公乃入。"

沛公已去，间至军中，张良入谢，曰："沛公不胜杯杓，不能辞。谨使臣良奉白璧一双，再拜献大王足下；玉斗一双，再拜奉大将军足下。"项王曰："沛公安在？"良曰："闻大王有意督过之，脱身独去，已至军矣。"项王则受璧，置之坐上。亚父受玉斗，置之地，拔剑撞而破之，曰："唉！竖子不足与谋。夺项王天下者，必沛公也，吾属今为之虏矣。"

沛公至军，立诛杀曹无伤。

……

于是项王乃欲东渡乌江。乌江亭长舣船待，谓项王曰："江东虽小，地方千里，众数十万人，亦足王也。愿大王急渡。今独臣有船，汉军至，无以渡。"项王笑曰："天之亡我，我何渡为！且籍与江东子弟八千人渡江而西，今无一人还，纵江东父兄怜而王我，我何面目见之？纵彼不言，籍独不愧于心乎？"乃谓亭长曰："吾知公长者。吾骑此马五岁，所当无敌，尝一日行千里，不忍杀之，以赐公。"乃令骑皆下马步行，持短兵接战。独籍所杀汉军数百人。项王身亦被十余创。顾见汉骑司马吕马童，曰："若非吾故人乎？"马童面之，指王翳曰："此项王也。"项王乃曰："吾闻汉购我头千金，邑万户，吾为若德。"乃自刎而死。王翳取其头，余骑相蹂践争项王，相杀者数十人。

（节选自《项羽本纪》）

【译文】

项籍是下相人，字羽。开始起事的时候，他二十四岁。项籍的叔父是项梁，项梁的父亲是项燕，就是被秦将王翦所杀害的那位楚国大将。项氏世世代代做楚国的大将，被封在项地，所以姓项。

项籍小的时候学习写字、识字，没有学成就不学了；又学习剑术，也没有学成。项梁对他很生气。项籍说："写字，能够用来记姓名就行了。剑术，也只能敌一个人，不值得学。我要学习能敌万人的本事。"于是项梁就教项籍兵法，项籍非常高兴，可是刚刚懂得了一点儿兵法的大意，又不肯学到底了。项梁曾经因罪案受牵连，被栎（yuè）阳县逮捕入狱，他就请蕲县狱吏曹咎写了说情信给栎阳狱吏司马欣，事情才得以了结。

后来项梁杀了人，为了躲避仇人，和项籍一起逃到吴中郡。吴中郡有才能的士大夫本事都比不上项梁。每当吴中郡有大规模的徭役或大的丧葬事宜时，项梁经常做主办人，并暗中用兵法部署组织宾客和青年，借此来了解他们的才能。

秦始皇游览会稽郡渡浙江时，项梁和项籍一块儿去观看。项籍说："那个人，我可以取代他！"项梁捂住他的嘴，说："不要胡说，要满门抄斩的！"但项梁却因此而感到项籍很不一般。

项籍身高八尺有余，力大能举鼎，才气超过常人，即使是吴中当地的年轻人也都很惧怕他了。

……

沛公的军队驻扎在霸上，没能跟项羽相见。沛公的左司马曹无伤派人告诉项羽说："沛公想在关中称王，让秦王子婴为相，珍奇宝物都占为己有。"项羽大为愤怒，说："明天准备酒食犒劳士卒，给我把沛公的军队打垮！"此时，项羽有兵卒四十万，驻扎在新丰鸿门；沛公有兵卒十万，驻扎在霸上。范增劝项羽说："沛公在山东的时候，贪财好色。现在进了关，财物一点都不要，妇女一个也不亲近，看来他的志气可不小啊。我让人看他那边的云气，都呈现为龙虎之状，五彩斑斓，这是天子的瑞气呀。希望您赶快进攻，不要错失良机！"

楚国的左尹项伯，是项羽的叔父，一向跟留侯张良要好。张良这时正跟随沛公，项伯连夜驱马跑到沛公军中，私下会见了张良，把事情全都告诉了他，想叫张良跟他一起离开。项伯说："不要跟沛公一块儿送死啊。"张良说："我是为韩王来护送沛公的，沛公如今情况危急，我若逃走就太不仁义了，不能不告诉他。"张良于是进入军帐，把项伯的话全部告诉了沛公。沛公大为吃惊，说："该怎么办呢？"张良说："是谁给您出的派兵守关这个主意？"沛公说："是一个浅陋小人劝我说：'守住函谷关，不要让诸侯军进来，您就可以占据整个秦地称王了。'所以我听了他的话。"张良说："估计您的兵力足以敌得过项王吗？"沛公沉默不语，过了一会儿说："当然敌不过，那怎么办呢？"张良说："请让我前去告诉项伯，就说沛公是不敢背叛项王的。"沛公说："您怎么跟项伯有交情呢？"张良说："还是在秦朝的时候，我们就有交往，项伯杀了人，我使他免了死罪。如今情况危急，幸好他来告诉我。"沛公说："你们两人谁的年龄大？"张良说："他比我大。"沛公说："您替我请他进来，我要以对待兄长的礼节来侍奉他。"

张良出去，请项伯。项伯立即进来与沛公相见。沛公捧着酒杯，向项伯献酒祝寿，并约定为亲家。沛公说："我进驻函谷关以后，极小的东西都没敢动，登记了官民的户口，查封了各类仓库，只等着项将军到来。我之所以派将守关，是为了防备其他盗贼窜入和意外的变故。我们日夜盼着项将军到来，哪里敢谋反啊！希望您详细转告项将军，我是不敢忘恩负义的。"项伯答应了，对沛公说："明天不能不早点来向项王谢罪。"沛公说："好。"于是项伯又乘夜离开，回到军营中，把沛公的话一一报告给了项王。又趁机说："如果不是沛公先攻破关中，您怎么敢进关呢？如今人家有大功反而要攻打他，这是不符合道义的，不如就此好好对待他。"项王答应了。

第二天，沛公带着一百多名侍从来见项王，到达鸿门，向项王赔罪说："我跟将军合力攻秦，将军在黄河以北作战，我在黄河以南作战。却没想到我先入关攻破秦国，能够在这里又见到您。现在是有小人说了什么坏话，才使得将军和我之间产生了误会。”项王说：“是您的左司马曹无伤说的，不然，我怎么会这样！”项王当日就让沛公留下一起喝酒。项王、项伯面朝东坐，亚父面朝南坐。亚父也就是范增。沛公面朝北坐，张良面朝西陪侍着。范增好几次给项王递眼色，又好几次举起身上佩戴的玉玦向他示意，项王只是沉默着，没有反应。范增起身出去，叫来项庄，对他说：“君王为人心肠太软，你进去上前献酒祝寿，然后请求舞剑，趁机刺沛公，把他杀死在坐席上。不然的话，你们这班人都将成为人家的俘虏啦。”

项庄进来献酒祝寿。祝酒完毕，对项王说：“君王和沛公饮酒，军营中没有什么可以娱乐的，就让我来舞剑吧。”项王说：“那好。”项庄就拔剑起舞，项伯也拔剑起舞，常常用身体掩护沛公，项庄没有办法刺杀沛公。

于是张良走到军门见樊哙。樊哙问道：“今天的事情怎么样？”张良说：“很危急！现在项庄正在舞剑，他一直在打沛公的主意呀！”樊哙说：“太危险啦！让我进去，我要跟沛公同生死！”樊哙带着宝剑、拿着盾牌就往军门里闯。交叉持戟的卫士想挡住不让他进去，樊哙侧过盾牌往前一撞，卫士们仆倒在地，樊哙于是闯进军门，挑开帷帐面朝西站定，睁圆眼睛怒视项王，头发根根竖起，两边眼角都要睁裂了。项王伸手握住宝剑，挺直身子，问：“这位是干什么的？”张良说：“是沛公的护卫樊哙。”项王说:“真是位壮士！赐他一杯酒！”手下的人给他递上来一大杯酒。樊哙拜谢，起身站着喝了。项王说:“赐他一只猪肘！”手下的人递过来一只生猪肘。樊哙把盾牌反扣在地上，把猪肘放在上面，拔出剑来边切边吃。项王说：“好一位壮士！还能再喝吗？”樊哙说：“我连死都不在乎，一杯酒又有什么可推辞的！秦王有虎狼一样的凶狠之心，杀人无数，好像唯恐杀不完;给人加刑，好像唯恐用不尽，天下人都叛离了他。怀王曾经和诸将约定说‘先击败秦军进入咸阳的人在关中为王’。如今沛公先击败秦军进入咸阳，连极小的财物都没敢动，封闭秦王宫室，把军队撤回到霸上，等待大王您的到来。特地派遣将士把守函谷关，为的是防备其他盗贼窜入和意外的变故。沛公如此劳苦功高,没有得到封侯的赏赐,您反而听信小人的谗言，要杀害有功之人。这是走秦朝灭亡的老路，我私下认为大王您不会采取这种做法！”一番话说得项王无话回答，只是说：“坐！坐！”樊哙挨着张良坐下来。

坐了一会儿，沛公起身上厕所，顺便把樊哙叫了出来。

沛公出来后,项王派都尉陈平来叫沛公。沛公说:“现在我出来,没有来得及告辞，怎么办？”樊哙说：“干大事不必顾及小的礼节，讲大节无须躲避小的责备，如今人家好比是刀子砧板，而我们好比鱼肉，还告辞什么！”于是沛公离开，让张良留下来向项王致歉。张良问：“大王来的时候带了什么礼物？”沛公说：“我拿来白璧一双，准备献给项王；玉斗一对，准备献给亚父。正赶上他们发怒，没敢献。您替我献吧。”张良说：“遵命。”

当时，项王的部队驻扎在鸿门一带，沛公的部队驻扎在霸上，相距四十里。沛公扔下车马、侍从，脱身独自一人骑马，樊哙、夏侯婴、靳强、纪信四人手持剑盾，跟在后面徒步奔跑，从骊山而下，顺着芷阳抄小路而行。沛公临行前对张良说：“从这条路到我们军营，超不过二十里。估计我们到了军营，您再进去。”

沛公等一行离开鸿门，抄小路回到军营，张良进去致歉，说道:“沛公不胜酒力，喝得多了点，不能跟大王告辞了。谨让臣下捧上白璧一双，恭敬地献给大王；玉斗一对，恭敬地献给大将军。”项王问道：“沛公在什么地方？”张良答道：“听说大王有意责怪他，他就脱身一个人走了，现在已经回到军营了。”项王接过白璧，放在座位上；亚父接过玉斗，扔在地上，拔出剑来撞碎了，说：“唉！这班小子没法跟他们共谋大事。夺取项王天下的，一定是沛公了，我们这些人就要成为他的俘虏了！”

沛公回到军中，立即杀了曹无伤。

……

这时候，项王想要向东渡过乌江。乌江亭长正停船靠岸等在那里，对项王说:“江东虽然小，但土地纵横各有一千里，民众有几十万，也足够称王啦。希望大王快快渡江。现在只有我这儿有船，汉军到了，没法渡过去。”项王笑了笑说：“上天要灭亡我，我还渡乌江干什么！再说我和江东子弟八千人渡江西征，如今没有一个人回来，纵使江东父老兄弟怜爱我让我做王，我又有什么脸面去见他们？纵使他们不说什么，我项籍难道心中没有愧吗？”于是对亭长说：“我知道您是位忠厚长者，我骑着这匹马征战了五年，所向无敌，曾经日行千里，我不忍心杀掉它，把它送给您吧。”于是命令骑兵都下马步行，手持短兵器与追兵交战。光项王一个人就杀掉汉军几百人。项王身上也有十几处负伤。项王回头看见汉军骑司马吕马童，说：“你不是我的老相识吗？”马童跟项王打了个对脸儿，于是指给王翳说：“这就是项王。”项王就说:“我听说汉王悬赏黄金千斤、封邑万户要我的脑袋，我就把这份好处送给你吧！”说完，自刎而死。王翳砍下项王的头，其他骑兵互相践踏争抢项王的躯体，由于相争而被杀死的有几十人。

【赏析】

在中国历史上，有无数的英雄人物，但如项羽这样铁血柔情的男子汉却很少。“不忍”是他最大的弱点，其妇人之仁也让后世诟病，但“不忍”也是他最可爱、最有人情味的地方，李清照就曾赞道：“至今哭项羽，不肯过江东。”文中项羽之死充分展现了他的侠骨柔情。像项羽这样的英雄，理应受后人景仰。

留侯张良

留侯张良者，其先韩人也。大父开地，相韩昭侯、宣惠王、襄哀王。父平，相厘王、悼惠王。悼惠王二十三年，平卒。卒二十岁，秦灭韩。良年少，未宦事韩。韩破，良家僮三百人，弟死不葬，悉以家财求客刺秦王，为韩报仇，以大父、父五世相韩故。

良尝学礼淮阳。东见仓海君。得力士，为铁椎重百二十斤。秦皇帝东游，良与客狙击秦始皇博浪沙中，误中副车。秦皇帝大怒，大索天下，求贼甚急，为张良故也。良乃更名姓，亡匿下邳。

良尝闲从容步游下邳圯上，有一老父，衣褐，至良所，直堕其履圯下，顾谓良曰："孺子，下取履！"良鄂然，欲殴之。为其老，强忍，下取履。父曰："履我！"良业为取履，因长跪履之。父以足受，笑而去。良殊大惊，随目之。父去里所，复还，曰："孺子可教矣。后五日平明，与我会此。"良因怪之，跪曰："诺。"五日平明，良往。父已先在，怒曰："与老人期，后，何也？"去，曰："后五日早会。"五日鸡鸣，良往，父又先在，复怒曰："后，何也？"去，曰："后五日复早来。"五日，良夜未半往。有顷，父亦来，喜曰："当如是。"出一编书，曰："读此则为王者师矣。后十年兴。十三年孺子见我济北，谷城山下黄石即我矣。"遂去，无他言，不复见。旦日视其书，乃《太公兵法》也。良因异之，常习诵读之。

居下邳，为任侠。项伯尝杀人，从良匿。

后十年，陈涉等起兵，良亦聚少年百余人。景驹自立为楚假王，在留。良欲往从之，道遇沛公。沛公将数千人，略地下邳西，遂属焉。沛公拜良为厩将。良数以《太公兵法》说沛公，沛公善之，常用其策。良为他人言，皆不省。良曰："沛公殆天授。"故遂从之，不去见景驹。

……

上已封大功臣二十余人，其余日夜争功不决，未得行封。上在洛阳南宫，从复道望见诸将往往相与坐沙中语，上曰："此何语？"留侯曰："陛下不知乎？此谋反耳。"上曰："天下属安定，何故反乎？"留侯曰："陛下起布衣，以此属取天下，今陛下为天子，而所封皆萧、曹故人所亲爱，而所诛者皆生平所仇怨。今军吏计功，以天下不足遍封，此属畏陛下不能尽封，恐又见疑平生过失及诛，故即相聚谋反耳。”上乃忧曰：“为之奈何？”留侯曰：“上平生所憎，群臣所共知，谁最甚者？”上曰：“雍齿与我故，数尝窘辱我。我欲杀之，为其功多，故不忍。”留侯曰：“今急先封雍齿以示群臣，群臣见雍齿封，则人人自坚矣。”于是上乃置酒，封雍齿为什方侯，而急趣丞相、御史定功行封。群臣罢酒，皆喜曰：“雍齿尚为侯，我属无患矣。”

刘敬说高帝曰：“都关中。”上疑之。左右大臣皆山东人，多劝上都雒阳：“洛阳东有成皋，西有殽黾，倍河，向伊洛，其固亦足恃。”留侯曰：“洛阳虽有此固，其中小，不过数百里，田地薄，四面受敌，此非用武之国也。夫关中左殽函，右陇蜀，沃野千里，南有巴蜀之饶，北有胡苑之利，阻三面而守，独以一面东制诸侯。诸侯安定，河渭漕輓天下，西给京师；诸侯有变，顺流而下，足以委输。此所谓金城千里，天府之国也，刘敬说是也。”于是高帝即日驾，西都关中。

留侯从入关。留侯性多病，即道引不食谷，杜门不出岁余。

……

太史公曰：学者多言无鬼神，然言有物。至如留侯所见老父予书，亦可怪矣。高祖离困者数矣，而留侯常有功力焉，岂可谓非天乎？上曰：“夫运筹策帷帐之中，决胜千里外，吾不如子房。”余以为其人计魁梧奇伟，至见其图，状貌如妇人好女。盖孔子曰：“以貌取人，失之子羽。”留侯亦云。

（节选自《留侯世家》）

【译文】

留侯张良，他的先人是韩国人。祖父开地，做过韩昭侯、宣惠王、襄哀王的相。父亲平，做过厘王、悼惠王的相。悼惠王二十三年，父亲平去世。张良的父亲死后二十年，秦国灭掉了韩国。张良当时年纪轻，没有在韩国做官。韩国灭亡后，张良家有奴仆三百人，弟弟死了不厚葬，用全部财产寻求勇士谋刺秦王，为韩国报仇，这是因为他的祖父、父亲任过五代韩王之相的缘故。

张良曾经在淮阳学习礼法，到东方见到了仓海君。他找到一个大力士，造了一个一百二十斤重的铁锤。秦始皇到东方巡游，张良与大力士在博浪沙这个地方袭击秦始皇，误中了副车。秦始皇大怒，在全国大肆搜捕，寻拿刺客，非常急迫，这是为了张良的缘故。张良于是改名换姓，逃到下邳躲藏起来。

张良闲暇时曾经徜徉于下邳桥上，有一个老人，穿着粗布衣裳，走到张良跟前，故意把鞋甩到桥下，看着张良说：“小子，下去把鞋捡上来！”张良有些惊讶，想打他。因为见他年老，勉强忍了下来，下去捡来了鞋。老人说：“给我把鞋穿上！”张良既然已经替他把鞋捡了上来，就跪着替他穿上。老人把脚伸出来穿上鞋，笑着离去了。张良十分惊讶，随着老人的身影目送他。老人离开了约有一里路，又返回来，说："你这个孩子可以教导教导。五天以后天刚亮时，跟我在这里相会。"张良觉得这件事很奇怪，跪下来说："嗯。"五天后的拂晓，张良去到那里。老人已先在那里，生气地说："跟老年人约会，反而后到，为什么呢？"老人离去，并说："五天以后早早来会面。"五天后鸡一叫，张良就去了。老人又先在那里，又生气地说："又来晚了，这是为什么？"老人离开说："五天后再早点儿来。"五天后，张良不到半夜就去了。过了一会儿，老人也来了，高兴地说："应当像这样才好。"老人拿出一部书，说："读了这部书就可以做帝王的老师了。十年以后就会发迹。十三年后你到济北见我，谷城山下的黄石就是我。"说完便走了，没有别的话留下，从此也没有见到这位老人。天明时一看老人送的书，原来是《太公兵法》。张良因而觉得这部书非同寻常，经常学习、诵读它。

张良住在下邳时，行侠仗义。项伯曾经杀了人，跟随张良躲藏起来。

过了十年，陈涉等人起兵反秦，张良也聚集了一百多个青年。景驹自立为代理楚王，驻扎在留县。张良打算前去跟随他，半道上遇见了沛公。沛公率领几千人，夺取下邳以西的地方，张良便归附了他。沛公任命张良做厩将。张良多次根据《太公兵法》向沛公献策，沛公很赏识他，经常采用他的计谋。张良对别人讲这些，别人都不能领悟。张良说："沛公大概是天授予人间的。"于是张良就跟随了沛公，没有离开他去见景驹。

……

皇上已经封赏大功臣二十多人，其余的人日夜争功，不能决定高下，未能进行封赏。皇上在洛阳南宫，从桥上望见一些将领常常坐在沙地上彼此议论。皇上说："这些人在说什么？"留侯说："陛下不知道吗？这是在商议反叛呀。"皇上说："天下已接近安定，为什么还要谋反呢？"留侯说："陛下以平民身份起事，靠着这些人取得了天下，现在陛下做了天子，而所封赏的都是萧何、曹参这些陛下所亲近宠幸的老友，所诛杀的都是生平仇恨的人。如今军官们计算功劳，认为天下的土地不够一一封赏的，这些人怕陛下不能全部封到，又恐怕被怀疑到平生的过失而遭受诛杀，所以就聚在一起图谋造反了。"皇上于是忧心忡忡地说："该怎么办呢？"留侯说："皇上平生憎恨的人，又是群臣都知道的，谁最突出？"皇上说："雍齿与我有宿怨，曾多次使我受窘受辱。我原想杀掉他，因为他的功劳多，所以不忍心。"留侯说："现在赶紧先封赏雍齿来给群臣看，群臣见雍齿都被封赏，那么对自己能受封就坚信不疑了。"于是皇上便摆设酒宴，封雍齿为什方侯，并急切地催促丞相、御史评定功劳，施行封赏。群臣吃过酒后，都高兴地说："雍齿尚且被封侯，我们这些人就不担忧了。"

刘敬劝告高帝说："要以关中为都城。"皇上对此有疑虑。左右的大臣都是山东地区的人，多数劝皇上定都洛阳，他们说：“洛阳东面有成皋，西面有崤山、渑池，背靠黄河，面向伊水、洛水，地形的险要和城郭的坚固也足可以依靠。”留侯说：“洛阳虽然这样险固，但它境域狭小，不过方圆几百里，土地贫瘠，四面受敌，这里不是用武之地。关中东面有崤山、函谷关，西面有陇山、岷山，肥沃的土地方圆千里，南面有富饶的巴、蜀两郡，北面有利于放牧的胡苑，依靠三面的险阻来固守，只用东方一面控制诸侯。如果诸侯安定，可由黄河、渭河运输天下粮食，往西供给京都；如果诸侯发生变故，可顺流而下，足以运送物资。这正是所谓‘金城千里，天府之国’，刘敬的建议是对的。”于是高帝当即决定起驾，往西定都关中。

留侯跟随高帝入关。他体弱多病，便施行道引之术，不食五谷，闭门不出一年多。

……

太史公司马迁说：学者大多说没有鬼神，然而又说有精怪。至于像留侯遇见老丈赠书的事，也够神奇的了。高祖遭遇困厄的情况有多次了，而留侯常在这种危急时刻建功效力，难道可以说不是天意吗？皇上说：“出谋划策于营帐之中，决定胜负在千里之外，我比不了子房。”我原以为此人大概是高大威武的样子，等到看见他的画像，相貌却像个美丽的女子。孔子说过：“按照相貌来评判人，在对待子羽上就有所失。”对于留侯，也可以这样说啊！

【赏析】

张良虽系文弱之士，不曾挥戈迎敌，却以谋略著称。他一生反秦扶汉，功不可没。所谓“汉高三尺剑，子房三寸舌”，历来史家无不倾墨书写他那深邃的才智和神妙的权谋。

淮阴侯韩信

淮阴侯韩信者，淮阴人也。始为布衣时，贫无行，不得推择为吏，又不能治生商贾。常从人寄食饮，人多厌之者。常数从其下乡南昌亭长寄食，数月，亭长妻患之，乃晨炊蓐食。食时信往，不为具食。信亦知其意，怒，竟绝去。

信钓于城下，诸母漂，有一母见信饥，饭信，竟漂数十日。信喜，谓漂母曰："吾必有以重报母。"母怒曰："大丈夫不能自食，吾哀王孙而进食，岂望报乎！"

淮阴屠中少年有侮信者，曰："若虽长大，好带刀剑，中情怯耳。"众辱之曰："信能死，刺我；不能死，出我袴下。"于是信孰视之，俛出袴下，蒲伏。一市人皆笑信，以为怯。

及项梁渡淮，信杖剑从之，居戏下，无所知名。项梁败，又属项羽，羽以为郎中。数以策干项羽，羽不用。汉王之入蜀，信亡楚归汉，未得知名，为连敖。坐法当斩，其辈十三人皆已斩，次至信，信乃仰视，适见滕公，曰："上不欲就天下乎？何为斩壮士！"滕公奇其言，壮其貌，释而不斩。与语，大说之。言于上，上拜以为治粟都尉，上未之奇也。

信数与萧何语，何奇之。至南郑，诸将行道亡者数十人，信度何等已数言上，上不我用，即亡。何闻信亡，不及以闻，自追之。人有言上曰："丞相何亡。"上大怒，如失左右手。居一二日，何来谒上，上且怒且喜，骂何曰："若亡，何也？"何曰："臣不敢亡也，臣追亡者。"上曰："若所追者谁？"曰："韩信也。"上复骂曰："诸将亡者以十数，公无所追；追信，诈也。"何曰："诸将易得耳。至如信者，国士无双。王必欲长王汉中，无所事信；必欲争天下，非信无所与计事者。顾王策安所决耳。"王曰："吾亦欲东耳，安能郁郁久居此乎？"何曰："王计必欲东，能用信，信即留；不能用，信终亡耳。"王曰："吾为公以为将。"何曰："虽为将，信必不留。"王曰："以为大将。"何曰："幸甚。"于是王欲召信拜之。何曰："王素慢无礼，今拜大将如呼小儿耳，此乃信所以去也。王必欲拜之，择良日，斋戒，设坛场，具礼，乃可耳。"王许之。诸将皆喜，人人各自以为得大将。至拜大将，乃韩信也，一军皆惊。

信拜礼毕，上坐。王曰："丞相数言将军，将军何以教寡人计策？"信谢，因问王曰："今东乡争权天下，岂非项王邪？"汉王曰："然。"曰："大王自料勇悍仁强孰与项王？"汉王默然良久，曰："不如也。"信再拜贺曰："惟信亦为大王不如也。然臣尝事之，请言项王之为人也。项王喑恶叱咤，千人皆废，然不能任属贤将，此特匹夫之勇耳。项王见人恭敬慈爱，言语呕呕，人有疾病，涕泣分食饮，至使人有功当封爵者，印刓敝，忍不能予，此所谓妇人之仁也。项王虽霸天下而臣诸侯，不居关中而都彭城。有背义帝之约，而以亲爱王，诸侯不平。诸侯之见项王迁逐义帝置江南，亦皆归逐其主而自王善地。项王所过无不残灭者，天下多怨，百姓不亲附，特劫于威强耳。名虽为霸，实失天下心。故曰其强易弱。今大王诚能反其道：任天下武勇，何所不诛！以天下城邑封功臣，何所不服！以义兵从思东归之士，何所不散！且三秦王为秦将，将秦子弟数岁矣，所杀亡不可胜计，又欺其众降诸侯，至新安，项王诈坑秦降卒二十余万，唯独邯、欣、翳得脱，秦父兄怨此三人，痛入骨髓。今楚强以威王此三人，秦民莫爱也。大王之入武关，秋毫无所害，除秦苛法，与秦民约，法三章耳，秦民无不欲得大王王秦者。于诸侯之约，大王当王关中，关中民咸知之。大王失职入汉中，秦民无不恨者。今大王举而东，三秦可传檄而定也。"于是汉王大喜，自以为得信晚。遂听信计，部署诸将所击。

八月，汉王举兵东出陈仓，定三秦。汉二年，出关，收魏、河南，韩、殷王皆降。合齐、赵共击楚。四月，至彭城，汉兵败散而还。信复收兵与汉王会荥阳，复击破楚京、索之间，以故楚兵卒不能西。

……

齐王广、龙且并军与信战，未合。人或说龙且曰："汉兵远斗穷战，其锋不可当。齐、楚自居其地战，兵易败散。不如深壁，令齐王使其信臣招所亡城，亡城闻其王在，楚来救，必反汉。汉兵二千里客居，齐城皆反之，其势无所得食，可无战而降也。"龙且曰："吾平生知韩信为人，易与耳。且夫救齐不战而降之，吾何功？今战而胜之，齐之半可得，何为止！"遂战，与信夹潍水陈。韩信乃夜令人为万余囊，满盛沙，壅水上流，引军半渡，击龙且，详不胜，还走。龙且果喜曰："固知信怯也。"遂追信渡水。信使人决壅囊，水大至。龙且军大半不得渡，即急击，杀龙且。龙且水东军散走，齐王广亡去。信遂追北至城阳，皆虏楚卒。

汉四年，遂皆降平齐。使人言汉王曰："齐伪诈多变，反覆之国也，南边楚，不为假王以镇之，其势不定。原为假王便。"当是时，楚方急围汉王于荥阳，韩信使者至，发书，汉王大怒，骂曰："吾困于此，旦暮望若来佐我，乃欲自立为王！"张良、陈平蹑汉王足，因附耳语曰："汉方不利，宁能禁信之王乎？不如因而立，善遇之，使自为守。不然，变生。"汉王亦悟，因复骂曰："大丈夫定诸侯，即为真王耳，何以假为！"乃遣张良往立信为齐王，征其兵击楚。

……

汉王之困固陵，用张良计，召齐王信，遂将兵会垓下。项羽已破，高祖袭夺齐王军。汉五年正月，徙齐王信为楚王，都下邳。

信至国，召所从食漂母，赐千金。及下乡南昌亭长，赐百钱，曰："公，小人也，为德不卒。"召辱己之少年令出胯下者以为楚中尉。告诸将相曰："此壮士也。方辱我时，我宁不能杀之邪？杀之无名，故忍而就于此。"

项王亡将钟离昧家在伊庐，素与信善。项王死后，亡归信。汉王怨昧，闻其在楚，诏楚捕昧。信初之国，行县邑，陈兵出入。

汉六年，人有上书告楚王信反。高帝以陈平计，天子巡狩会诸侯，南方有云梦，发使告诸侯会陈："吾将游云梦。"实欲袭信，信弗知。高祖且至楚，信欲发兵反，自度无罪，欲谒上，恐见禽。人或说信曰："斩昧谒上，上必喜，无患。"信见昧计事。昧曰："汉所以不击取楚，以昧在公所。若欲捕我以自媚于汉，吾今日死，公亦随手亡矣。"乃骂信曰："公非长者！"卒自刭。

信持其首，谒高祖于陈。上令武士缚信，载后车。信曰："果若人言，'狡兔死，良狗亨；高鸟尽，良弓藏；敌国破，谋臣亡。'天下已定，我固当亨！"上曰："人告公反。"遂械系信。至洛阳，赦信罪，以为淮阴侯。

信知汉王畏恶其能，常称病不朝从。信由此日夜怨望，居常鞅鞅，羞与绛、灌等列。信尝过樊将军哙，哙跪拜送迎，言称臣，曰："大王乃肯临臣！"信出门，笑曰："生乃与哙等为伍！"上常从容与信言诸将能不，各有差。上问曰："如我能将几何？"信曰："陛下不过能将十万。"上曰："于君何如？"曰："臣多多而益善耳。"上笑曰："多多益善，何为为我禽？"信曰："陛下不能将兵，而善将将，此乃信之所以为陛下禽也。且陛下所谓天授，非人力也。"

陈豨拜为钜鹿守，辞于淮阴侯。淮阴侯挈其手，辟左右与之步于庭，仰天叹曰："子可与言乎？欲与子有言也。"豨曰："唯将军令之。"淮阴侯曰："公之所居，天下精兵处也；而公，陛下之信幸臣也。人言公之畔，陛下必不信；再至，陛下乃疑矣；三至，必怒而自将。吾为公从中起，天下可图也。"陈豨素知其能也，信之，曰："谨奉教！"汉十年，陈豨果反。上自将而往，信病不从。阴使人至豨所，曰："弟举兵，吾从此助公。"信乃谋与家臣夜诈诏赦诸官徒奴，欲发以袭吕后、太子。部署已定，待豨报。其舍人得罪于信，信囚，欲杀之。舍人弟上变，告信欲反状于吕后。吕后欲召，恐其党不就，乃与萧相国谋，诈令人从上所来，言豨已得死，列侯群臣皆贺。相国绐信曰："虽疾，强入贺。"信入，吕后使武士缚信，斩之长乐钟室。信方斩，曰："吾悔不用蒯通之计，乃为儿女子所诈，岂非天哉！"遂夷信三族。

高祖已从豨军来，至，见信死，且喜且怜之，问："信死亦何言？"吕后曰："信言恨不用蒯通计。”高祖曰：“是齐辩士也。”乃诏齐捕蒯通。蒯通至，上曰：“若教淮阴侯反乎？”对曰：“然，臣固教之。竖子不用臣之策，故令自夷于此。如彼竖子用臣之计，陛下安得而夷之乎！”上怒曰：“亨之。”通曰：“嗟乎，冤哉亨也！”上曰：“若教韩信反，何冤？”对曰：“秦之纲绝而维弛，山东大扰，异姓并起，英俊乌集。秦失其鹿，天下共逐之，于是高材疾足者先得焉。蹠之狗吠尧，尧非不仁，狗因吠非其主。当是时，臣唯独知韩信，非知陛下也。且天下锐精持锋欲为陛下所为者甚众，顾力不能耳。又可尽亨之邪？”高帝曰：“置之。”乃释通之罪。

（节选自《淮阴侯列传》）

【译文】

淮阴侯韩信，是淮阴人。当初为平民百姓时，贫穷且没有好品行，不能被推选去做官，又不能做买卖维持生活。（他）经常寄居在别人家吃闲饭，人们大多厌恶他。曾经多次前往下乡南昌亭亭长处吃闲饭，接连数月，亭长的妻子嫌恶他，一早把饭煮好，在床上就吃掉了。开饭的时候，韩信去了，却不给他准备饭食。韩信也明白他们的用意，一怒之下，离去不再回来。

韩信在城下钓鱼，有几位老大娘在漂洗丝棉，其中一位大娘看见韩信饿了，就拿出饭给韩信吃，几十天都如此，直到漂洗完毕。韩信很高兴，对那位大娘说：“我一定重重地报答老人家。”大娘生气地说：“大丈夫不能养活自己，我是可怜你这位公子才给你饭吃，难道是希望你报答吗？”

淮阴屠户中有个年轻人侮辱韩信，说：“你虽然长得高大，喜欢带刀佩剑，其实是个胆小鬼罢了。”又当众侮辱他说：“你要不怕死，就拿剑刺我；如果怕死，就从我胯下爬过去。”于是韩信仔细地打量了他一番，低下身去，从他的胯下爬了过去。满街的人都笑话韩信，认为他胆小。

等到项梁率领抗秦义军渡过淮河向西进军的时候，韩信带了宝剑去投奔他，留在他的部下，一直默默无闻。项梁失败后，改归项羽，项羽派他做郎中。他好几次向项羽献计策，项羽都不采纳。刘邦率军进入蜀地时，韩信脱离楚军去投奔他，当了一名接待来客的小官。有一次，韩信犯了案，被判了死刑，和他同案的十三个人都被杀了，轮到杀他的时候，他抬起头来，正好看到滕公，说：“汉王不打算得天下吗？为什么杀掉壮士？”滕公听他的口气不凡，见他状貌威武，就放了他。（滕公）同他谈话，更加欣赏他。（滕公）把他推荐给汉王，汉王派他做管理粮饷的治粟都尉，还是不认为他是个奇才。

韩信又多次和萧何谈天，萧何认为他是个奇才。（汉王的部下多半是东方人，都想回到故乡去，因此）队伍到达南郑时，半路上跑掉的军官就多达几十个。韩信料想萧何他们已经在汉王面前多次保荐过他了，可是汉王一直不重用自己，也就逃跑了。萧何听说韩信逃跑了，来不及把此事报告汉王，就径自去追赶。有人报告汉王说："丞相萧何逃跑了。"汉王极为生气，就像失掉了左右手似的。隔了一两天，萧何回来见汉王，汉王又是生气又是喜欢，骂道："你逃跑，是为什么？"萧何答道："我不敢逃跑，我是追逃跑的人。"你去追的是谁？"萧何说："韩信。"汉王又骂道："军官跑掉的有好几十个，你都没有追；倒去追韩信，这是撒谎。"萧何说："那些军官容易得到，至于像韩信这样的人才，是普天下也找不出第二个来的。大王假如只想做汉中王，当然用不上他；要想争夺天下，除了韩信就再也没有可以商量大计的人了。只看大王如何打算罢了。"汉王说："我也打算往东方去呀，哪里能够老闷在这里呢？"萧何说："大王如果决计打回东方去，能够重用韩信，他就会留下来；假如不能重用他，那么，韩信终究还是要跑掉的。"汉王说："我看你的面子，派他做个将军吧。"萧何说："即使让他做将军，韩信也一定不肯留下来的。"汉王说："那么，让他做大将。"萧何说："太好了。"当下汉王就想叫韩信来拜将。萧何说："大王一向傲慢无礼，今天任命一位大将，就像是呼唤一个小孩子一样，这就难怪韩信要走了。大王如果诚心拜他做大将，就该拣个好日子，自己事先斋戒，搭起一座高坛，按照任命大将的仪式办理，那才行啊！"汉王答应了。那些军官们都暗自高兴，人人都以为自己会被任命为大将。等到举行仪式的时候，才知道是韩信，全军上下都大吃一惊。

任命韩信的仪式结束后，汉王就座。汉王说："丞相多次称道将军，将军用什么计策指教我呢？"韩信谦让了一番，趁势问汉王："如今向东争夺天下，难道敌人不是项王吗？"汉王说："是。"韩信说："大王自己估计在勇敢、强悍、仁厚、兵力方面与项王相比，谁强？"汉王沉默了好长时间，说："不如项王。"韩信拜了两拜，赞成地说："我也认为大王比不上他呀。然而，我曾经侍奉过他，请让我说说项王的为人吧。项王震怒咆哮时，吓得千百人不敢动，但不能放手任用有才能的将领，这只不过是匹夫之勇罢了。项王待人恭敬慈爱，言语温和，有人生病，他心疼得流泪，将自己的饮食分给他；等到有的人立下战功，该加封进爵时，他把刻好的大印放在手里玩摩得失去了棱角，也舍不得给人，这就是所说的妇人的仁慈啊。项王虽然称霸天下，使诸侯臣服，但他放弃了关中的有利地形，而建都彭城，又违背了义帝的约定，将自己的亲信分封为王，诸侯们愤愤不平。诸侯们看到项王把义帝迁移到江南僻远的地方，也都回去驱逐自己的国君，占据了好的地方自立为王。项王军队所经过的地方，没有不横遭摧残毁灭的，天下的人大都怨恨他，百姓不愿归附他，只不过迫于威势，勉强服从罢了。他虽然名义上是霸主，实际上却失去了天下的民心。所以说他的优势很容易转化为劣势。如今大王果真能够与他反道而行：任用天下英勇善战的人才，有什么不可以被诛灭的呢？用天下的城邑分封给有功之臣，有什么人不心服口服呢？以正义之师，顺从将士东归的心愿，有什么样的敌人不能击溃呢？况且项羽分封的三个王，原来都是秦朝的将领，率领秦地的子弟打了好几年仗，被杀死和逃跑的多到没法计算，又欺骗他们的部下向诸侯投降。到达新安，项王狡诈地活埋了已投降的秦军二十多万人，唯独章邯、司马欣和董翳得以留存，秦地的父老兄弟把这三个人恨入骨髓。而今项羽凭恃着威势，强行封立这三个人为王，秦地的百姓没有谁爱戴他们。而大王进入武关，秋毫无犯，废除了秦朝的苛酷法令，与秦地百姓约法三章，秦地百姓没有不想要大王在秦地做王的。根据诸侯的约定，大王理当在关中做王，关中的百姓都知道这件事，大王失掉了应得的爵位进入汉中，秦地百姓没有不怨恨的。如今大王发动军队向东挺进，只要一道文书，三秦封地就可以平定了。”于是汉王特别高兴，自认为得到韩信太晚了。就听从韩信的计谋，部署各路将领攻击的目标 。

八月，汉王出兵经过陈仓向东挺进，平定了三秦。汉二年，兵出函谷关，收服了魏、河南，韩王、殷王也相继投降。汉王又联合齐王、赵王共同攻击楚军。四月，到彭城，汉军兵败，溃散而回。韩信又收集溃散的人马与汉王在荥阳会合，在京县、索亭之间摧垮楚军。因此，楚军始终不能西进。

……

齐王广与龙且合起来与韩信作战，一直不分胜负。有人对龙且说：“汉军远征而来，斗志正旺，势不可挡。而齐、楚军队在自己家乡作战，容易败散。我们不如用深沟壁垒坚守不战，让齐王派人招纳敌后的百姓，百姓一旦知道齐王还在，必会来归。他们又知道楚军也在跟齐军并肩作战，一定会齐心反击汉军。汉军不远千里而来，一旦陷入齐人的包围之中，必会没的吃、没的喝，那样，我们就可以不战而胜。”龙且说:“我了解韩信的为人，对付他，易于反掌。况且，我们是来救齐的，不战而胜，我有何功？现在通过作战胜了韩信，齐国的一半就可归我了，还说什么不战而胜！”于是决意跟韩信打下去，与韩信的军队隔潍河对峙。韩信命令部下夜间准备了数万沙袋，装满沙子，堵住了河水，天亮后率军出击，跟龙且的部队一交手，马上假装败退。龙且果然大喜：“我就知道韩信是个胆小鬼。”遂亲自率大军渡河追击韩信的部队。韩信发信号让上游的部队掘开沙堤放水。龙且的部队大部分被淹在河中央，韩信率部杀回，杀死了龙且。楚军大败，齐王广逃跑。韩信的部队一路追击到城阳，楚军全部被俘。

汉四年，韩信平定齐国之后，派人向汉王请示：“齐国人狡诈多变，一向是个反复无常的国度，南面又有楚国伺机而动，不设一个暂时的王镇守，局势就不稳定，不如让我暂时代理齐王。”当时，楚军急攻并围困了荥阳城里的汉王，汉王看到韩信的人送来的书信后，大怒，骂道：“我被围困在这里，日夜盼望着他来救驾，他却要自立为王！”张良、陈平踩了一下汉王的脚，并对汉王耳语道：“现在我们自身不保，你能挡得住韩信自立齐王吗？不如顺水推舟，就立他为真齐王，让他自己保卫齐国。否则，恐怕要生变故。”汉王也醒悟过来了，于是嗔骂道：“大丈夫平定诸侯，要做就做个真王，做个暂时代理的王算什么！”随后派张良前往齐国，封韩信为齐王，并调遣他的部队对楚作战。

……

汉王被困在固陵的时候，采纳了张良的计策，召来韩信的部队，把项羽围困在垓下。项羽被消灭之后，汉王剥夺了韩信的军队。汉五年正月，改封韩信为楚王，定都下邳。

韩信回到下邳，召来昔日的漂母，赐给她千金。又召来下乡南昌亭长，赐给他百金，并说：“你是个小气人，做好事做不到底。”又召来当年侮辱过自己的少年，封他为中尉，并告诉手下的将领说：“这是个好汉。当年他侮辱我时，我不能杀他吗？可是杀他无名啊，我忍住了，所以才有今天。”

项羽手下的将领钟离眛家在伊庐，先前跟韩信交情很深。项羽死后，他无处存身，投奔韩信来了。汉王怨恨钟离眛，听说他在楚国，诏令楚国逮捕他，韩信没有执行。而且，他当时正在自己的属国巡视，进进出出都带着武装卫队。

汉六年，有人密告韩信谋反，刘邦采纳陈平的建议，以巡视天下的名义召集各地诸侯，因南方有个云梦泽，派使臣通知各诸侯集会于韩信的属地陈，说：“我要巡视云梦泽。”实际上是要捉拿韩信，韩信还蒙在鼓里。刘邦将要到达楚的地界时，韩信有心发兵造反，但认为自己无罪，想去见刘邦，又担心被擒。这时，有人建议：“杀了钟离眛，提他的头去觐见，皇上一定高兴，就没事了。”韩信于是召见了钟离眛，商量如何处理眼下的情况。钟离眛说：“刘邦之所以还没有对你动手，只是因为有我在你这里，现在你若是杀了我去讨好他，今日我死，下一个就是你。”他骂韩信：“你不是有德行的人！”说完自刎身亡。

韩信带着钟离眛的首级来到陈朝拜高帝，皇上命武士捆绑了韩信，押在随行的车上。韩信说：“人说：‘狡兔死，走狗烹；飞鸟尽，良弓藏；敌国亡，谋臣死。’现在天下已定，我活该死啦！”刘邦说：“有人告你谋反。”就让人给韩信戴上了刑具。到洛阳后，刘邦赦免了他，并封他为“淮阴侯”。

韩信知道汉王畏忌自己的才能，常常托病不参加朝见和侍行。从此，韩信日夜怨恨，在家闷闷不乐，为和绛侯、灌婴处于同等地位感到羞耻。韩信曾经拜访樊哙将军，樊哙跪拜送迎，自称臣子，说：“大王怎么竟肯光临舍下！”韩信出门笑着说：“我这辈子竟然和樊哙这般人为伍了。”皇上经常从容地和韩信议论将军们的能力，认为各有长短。皇上问韩信：“像我的才能能统率多少兵马？”韩信说：“陛下不过能统率十万。”皇上说：“你怎么样？”回答说：“我是越多越好。”皇上笑着说：“越多越好，为什么还被我辖制？”韩信说：“陛下不善于统领士卒而善于领导将领，这就是我被陛下辖制的原因。况且陛下是上天赐予的，不是人力能做到的。”

陈豨被任命为钜鹿郡守，向淮阴侯辞行。淮阴侯拉着他的手，屏退左右侍从，在庭院里漫步，仰望苍天叹息说：“您是可以说知心话的人吗？有些心里话想跟您谈谈。”陈豨说：“一切听任将军吩咐！”淮阴侯说：“您管辖的地区，是天下精兵聚集的地方；而您，是陛下信任宠幸的臣子。如果有人告发说您反叛，陛下一定不会相信；再次告发，陛下就怀疑了；三次告发，陛下必然大怒而亲自率兵前来围剿。我为您在京城作内应，天下就可以取得了。”陈豨一向知道韩信的雄才大略，他深信不疑，说：“我一定听从您的指教！”汉十年，陈豨果然反叛。皇上亲自率领兵马前往，韩信托病没有随从。他暗中派人到陈豨处说：“只管起兵，我在这里协助您。”韩信就和家臣商量，夜里假传诏书赦免各官府服役的罪犯和奴隶，打算发动他们去袭击吕后和太子。部署完毕，等待着陈豨的消息。一个家臣得罪了韩信，韩信把他囚禁起来，打算杀掉他。他的弟弟上书告变，向吕后告发了韩信准备反叛的情况。吕后打算把韩信召来，又怕他不肯就范，就和萧相国谋划，令人假说从皇上那儿来，说陈豨已被俘获处死，列侯群臣都来祝贺。萧相国欺骗韩信说：“即使有病，也要强打精神进宫祝贺吧。”韩信进宫，吕后命令武士把韩信捆起来，在长乐宫的钟室杀掉了。韩信临斩时说：“我后悔没有采纳蒯通的计谋，以致被妇女小子所欺骗，这难道不是天意吗？”韩信三族接着也被诛杀了。

高祖从平叛陈豨的军中回到京城，见韩信已死，又高兴，又怜悯他，问：“韩信临死时说过什么话？”吕后说：“韩信说悔恨没有采纳蒯通的计谋。”高祖说：“那人是齐国的说客。”就诏令齐国逮捕蒯通。蒯通被带到，皇上说：“你唆使淮阴侯反叛吗？”回答说：“是，我的确教过他。那小子不采纳我的计策，所以有自取灭亡的下场。假如那小子采纳我的计策，陛下怎能够灭掉他呢！”皇上生气地说：“煮了他。”蒯通说：“哎呀，煮死我，冤枉啊！”皇上说：“你唆使韩信造反，有什么冤枉？”回答说：“秦朝法度败坏、政权瓦解的时候，山东大乱，各路诸侯纷纷起事，一时天下英雄豪杰像乌鸦一样聚集。秦朝失去了他的帝位，天下英杰都来抢夺，于是才智高超、行动敏捷的人率先得到它。跖的狗对着尧狂叫，并不是尧不仁德，只因为他不是狗的主人。当时，我只知道有个韩信，并不知道有陛下。况且天下磨快武器、手执利刃想干陛下所干的事业的人太多了，只是力不从心罢了。您怎么能够把他们都煮死呢？”高祖说：“放掉他。”就赦免了蒯通的罪过。

【赏析】

屈辱像一根鞭子，鞭策我们鼓足勇气，奋然前行；屈辱使我们体验到顺境中无法体验到的东西。因此，我们要学韩信忍天下难忍之事。

“飞将军”李广

李将军广者，陇西成纪人也。其先曰李信，秦时为将，逐得燕太子丹者也。故槐里，徙成纪。广家世世受射。孝文帝十四年，匈奴大入萧关，而广以良家子从军击胡，用善骑射，杀首虏多，为汉中郎。广从弟李蔡亦为郎，皆为武骑常侍，秩八百石。尝从行，有所冲陷折关及格猛兽，而文帝曰：“惜乎，子不遇时！如令子当高帝时，万户侯岂足道哉！”

……

匈奴大入上郡，天子使中贵人从广勒习兵击匈奴。中贵人将骑数十纵，见匈奴三人，与战。三人还射，伤中贵人，杀其骑且尽。中贵人走广。广曰：“是必射雕者也。”广乃遂从百骑往驰三人。三人亡马步行，行数十里。广令其骑张左右翼，而广身自射彼三人者，杀其二人，生得一人，果匈奴射雕者也。已缚之上马，望匈奴有数千骑，见广，以为诱骑，皆惊，上山陈。广之百骑皆大恐，欲驰还走。广曰：“吾去大军数十里，今如此以百骑走，匈奴追射我立尽。今我留，匈奴必以我为大军之诱，必不敢击我。”广令诸骑曰：“前。”前未到匈奴陈二里所，止，令曰：“皆下马解鞍！”其骑曰：“虏多且近，即有急，奈何？”广曰：“彼虏以我为走，今皆解鞍以示不走，用坚其意。”于是胡骑遂不敢击。有白马将出护其兵，李广上马与十余骑奔射杀胡白马将，而复还至其骑中，解鞍，令士皆纵马卧。是时会暮，胡兵终怪之，不敢击。夜半时，胡兵亦以为汉有伏军于旁欲夜取之，胡皆引兵而去。平旦，李广乃归其大军。大军不知广所之，故弗从。

……

顷之，家居数岁。广家与故颍阴侯孙屏野居蓝田南山中射猎。尝夜从一骑出，从人田间饮。还至霸陵亭，霸陵尉醉，呵止广。广骑曰：“故李将军。”尉曰：“今将军尚不得夜行，何乃故也！”止广宿亭下。居无何，匈奴入杀辽西太守，败韩将军，后韩将军徙右北平。于是天子乃召拜广为右北平太守。广即请霸陵尉与俱，至军而斩之。

广居右北平，匈奴闻之，号曰“汉之飞将军”，避之数岁，不敢入右北平。

广出猎，见草中石，以为虎而射之，中石没镞，视之，石也。因复更射之，终不能复入石矣。广所居郡闻有虎，尝自射之。及居右北平射虎，虎腾伤广，广亦竟射杀之。

广廉，得赏赐辄分其麾下，饮食与士共之。终广之身，为二千石四十余年，家无余财，终不言家产事。

广为人长，猿臂，其善射亦天性也，虽其子孙他人学者，莫能及广。广讷口少言，与人居则画地为军陈，射阔狭以饮。专以射为戏，竟死。

广之将兵，乏绝之处，见水，士卒不尽饮，广不近水，士卒不尽食，广不尝食。宽缓不苛，士以此爱乐为用。其射，见敌急，非在数十步之内，度不中不发，发即应弦而倒。用此，其将兵数困辱，其射猛兽亦为所伤云。

……

初，广之从弟李蔡与广俱事孝文帝。景帝时，蔡积功劳至二千石。孝武帝时，至代相。以元朔五年为轻车将军，从大将军击右贤王，有功中率，封为乐安侯。元狩二年中，代公孙弘为丞相。蔡为人在下中，名声出广下甚远，然广不得爵邑，官不过九卿，而蔡为列侯，位至三公。诸广之军吏及士卒或取封侯。广尝与望气王朔燕语，曰：“自汉击匈奴而广未尝不在其中，而诸部校尉以下，才能不及中人，然以击胡军功取侯者数十人，而广不为后人，然无尺寸之功以得封邑者，何也？岂吾相不当侯邪？且固命也？”朔曰：“将军自念，岂尝有所恨乎？”广曰：“吾尝为陇西守，羌尝反，吾诱而降，降者八百余人，吾诈而同日杀之。至今大恨独此耳。”朔曰：“祸莫大于杀已降，此乃将军所以不得侯者也。”

……

广既从大将军青击匈奴，既出塞，青捕虏知单于所居，乃自以精兵走之，而令广并于右将军军，出东道。东道少回远，而大军行水草少，其势不屯行。广自请曰：“臣部为前将军，今大将军乃徙令臣出东道，且臣结发而与匈奴战，今乃一得当单于，臣愿居前，先死单于。”大将军青亦阴受上诫，以为李广老，数奇，毋令当单于，恐不得所欲。而是时公孙敖新失侯，为中将军从大将军，大将军亦欲使敖与俱当单于，故徙前将军广。广时知之，固自辞于大将军。大将军不听，令长史封书与广之莫府，曰：“急诣部，如书。”广不谢大将军而起行，意甚愠怒而就部，引兵与右将军食其合军出东道。军亡导，或失道，后大将军。大将军与单于接战，单于遁走，弗能得而还。南绝幕，遇前将军、右将军。广已见大将军，还入军。大将军使长史持糒(bèi)醪(láo)遗广，因问广、食其失道状，青欲上书报天子军曲折。广未对，大将军使长史急责广之幕府对簿。广曰：“诸校尉无罪，乃我自失道。吾今自上簿。”

至莫府，广谓其麾下曰：“广结发与匈奴大小七十余战，今幸从大将军出接单于兵，而大将军又徙广部行回远，而又迷失道，岂非天哉。且广年六十余矣，终不能复对刀笔之吏。”遂引刀自刭。

广军士大夫一军皆哭。百姓闻之，知与不知，无老壮皆为垂涕。而右将军独下吏，当死，赎为庶人。

（节选自《李将军列传》）

【译文】

将军李广，陇西郡成纪县人。他的先祖叫李信，秦朝时做过将军，就是追获了燕太子丹的那位将军。他老家在槐里县，后来迁到成纪。李广家世代传习射箭之术。文帝十四年，匈奴人大举侵入萧关，李广以良家子弟的身份参军抗击匈奴，因为他善于骑射，斩杀敌人首级和虏获很多，所以做了汉朝的中郎。李广的堂弟李蔡，也被任为中郎，二人都任武骑常侍，年俸八百石。李广曾随从皇帝出行，常有冲锋陷阵、抵御敌人以及格杀猛兽的事，文帝说：“可惜啊！你没遇到时机。如果让你正赶上高祖的时代，封个万户侯还在话下吗！”

……

匈奴大举入侵上郡，天子派来亲近的宦官跟随李广学习练兵，抗击匈奴。这位宦官带领几十名骑兵，纵马驰骋，遇到三个匈奴人，就与他们交战。三个匈奴人回身放箭，射伤了宦官，几乎杀光了他的那些骑兵。宦官逃回到李广那里。李广说：“这一定是匈奴的射雕能手。”李广于是就带上一百名骑兵前去追赶那三个匈奴人。那三个人没有马，徒步前行，走了几十里。李广命令骑兵左右散开，两路包抄，而他亲自去射杀那三个人，射死了两个，活捉了一个，果然是匈奴的射雕手。把那个匈奴人捆绑上马之后，远远望见几千名匈奴骑兵。他们看到李广，以为是诱敌之骑兵，都很吃惊，跑上山去摆好了阵势。李广的百名骑兵也都大为惊恐，想回马飞奔逃跑。李广说：“我们离大军几十里，照现在这样的情况，我们这一百名骑兵只要一跑，匈奴就要来追击射杀，我们会立刻被杀光的。现在我们停留不走，匈奴一定以为我们是大军来诱敌的，必定不敢攻击我们。”李广向骑兵下令：“前进！”骑兵向前进发，到了离匈奴阵地大约还有二里的地方，停下来，下令说：“全体下马，解下马鞍！”骑兵们说：“敌人那么多，并且又离得近，如果有了紧急情况，怎么办？”李广说：“那些敌人原以为我们会逃跑，现在我们都解下马鞍表示不逃，这样就能使他们更坚定地相信我们是诱敌之兵。”于是匈奴骑兵终于不敢来攻击。有一名骑白马的匈奴将领，出阵来监护他的士兵，李广立即上马和十几名骑兵一起奔驰，射死了那个骑白马的匈奴将领。之后又回到自己的骑兵队里，解下马鞍，让士兵们都放开马，随便躺卧。这时正值日暮黄昏，匈奴军队始终觉得奇怪，不敢进攻。到了半夜，匈奴兵也以为汉朝有伏兵在附近，想趁夜偷袭他们，因而就领兵撤离了。第二天早晨，李广才回到他的大军营中。因为大军不知道李广的去向，所以无法随后接应。

……

转眼间，李广在家已闲居数年。李广和已故颍阴侯灌婴的孙子灌强一起隐居在蓝田南山打猎。曾在一天夜里带着一名骑马的随从外出，和别人一起在田野间饮酒。回来时走到霸陵亭，霸陵尉喝醉了，大声呵斥，禁止李广通行。李广的随从说："这是前任李将军。"亭尉说："现任将军尚且不许通行，何况是前任呢！"便扣留了李广，让他停宿在霸陵亭下。没过多久，匈奴入侵杀死辽西太守，打败了韩安国将军，韩将军迁调右北平。于是天子就召见李广，任命他为右北平太守。李广随即请求派霸陵尉一起赴任，到了军中就把他杀了。

李广驻守右北平，匈奴听说后，称他为"汉朝的飞将军"，躲避他好几年，不敢入侵右北平。

李广外出打猎，看见草里的一块石头，以为是老虎就向它射去，射中了石头，箭头都射进去了，过去一看，原来是石头。接着重新再射，始终不能再射进石头了。李广在驻守的郡听说有老虎，曾亲自去射杀。到驻守右北平时，一次射虎，老虎跳起来伤了李广，李广也终于射死了老虎。

李广为官清廉，得到赏赐就分给他的部下，饮食总与士兵在一起。李广一生到死，做二千石俸禄的官共四十多年，家中没有多余的财物，也始终不谈及家产方面的事。

李广身材高大，两臂如猿，善于射箭也是天赋，即便是他的子孙或外人向他学习，也没人能赶上他。李广口舌笨拙，说话不多，与别人在一起就在地上画军阵，然后比射箭，按射中较密集的行列还是较宽疏的行列来定罚谁喝酒。他专门以射箭为消遣，一直到死。

李广带兵，遇到缺粮断水的时候，见到水，士兵不全喝过水，李广不去靠近水；士兵还没有完全吃上饭，李广一口饭也不尝。李广对士兵宽厚和缓而不苛刻，士兵因此爱戴他，乐于为他所用。李广射箭的方法是，看见敌人逼近，如果不在数十步之内，估计射不中，就不发射。只要一发射，敌人立即应弦倒地。因此他领兵有几次被困受辱，射猛兽也曾被猛兽所伤。

……

当初，李广的堂弟李蔡和李广一起侍奉文帝。到景帝时，李蔡累积功劳已得到年俸二千石的官位。武帝时，做到代国的国相。元朔五年被任命为轻车将军，跟随大将军卫青攻打匈奴右贤王，有功达到封赏的条件，被封为乐安侯。元狩二年间，代公孙弘任丞相。李蔡的才干在下等之中，声名比李广差很远，然而李广得不到封爵和封地，官位没超过九卿，可是李蔡却被封侯，位列三公。李广属下的军官和士兵们，也有人得到了侯爵之封。李广曾和星象家王朔私下闲谈说："自从汉朝攻打匈奴以来，我没有一次不参加。可是各部队校尉以下的军官，才能还不如中等人，然而由于攻打匈奴有军功被封侯的有几十人，我李广不算比别人差，但是没有一点功劳用来得到封地，这是什么原因呢？难道是我的骨相就不该封侯吗？还是本来就命该如此呢？"朔说："将军自己回想一下，是不是有过值得悔恨的事？"李广说："我曾当过陇西太守，羌人有一次反叛，我诱骗他们投降，投降的有八百多人，我用欺诈手段在同一天把他们都杀了。直到今天我最大的悔恨只有这件事。"朔说："能使人受祸的事，没有比杀死已投降的人更大的了，这也就是将军不能封侯的原因。"

……

李广随大将军卫青出征匈奴，出边塞以后，卫青捉到敌兵，知道了单于住的地方，就自己带领精兵去追逐单于，而命令李广和右将军的队伍合并，从东路出击。东路有些绕远，而且途中水草也少，大军行军势必不能集合行进。李广就亲自请求说："我的职务是前将军，如今大将军却命令我改从东路出兵，况且我从少年时就与匈奴作战，到今天才得到一次与单于对战的机会，我愿做前锋，先和单于决一死战。"大将军卫青曾暗中受到皇上的告诫，认为李广年老，命运不好，不要让他与单于对战，恐怕不能实现原来的愿望。那时公孙敖刚刚丢掉了侯爵，任中将军，随从大将军出征，大将军也想让公孙敖跟自己一起与单于对战，故意把前将军李广调开。李广当时也知道内情，因此坚决要求大将军收回调令。大将军不答应他的请求，命令长史写文书发到李广的幕府，并对他说："赶快到右将军部队中去，照文书上写的办。"李广不向大将军告辞就起程了，非常恼怒地前往军部，领兵与右将军赵食其合兵后从东路出发。军队没有向导，有时迷失道路，结果落在了大将军之后。大将军与单于交战，单于逃跑了，卫青没有战果，只好回兵。大将军向南行渡过沙漠，遇到了前将军和右将军。李广谒见大将军之后，回到自己军中。大将军派长史带着干粮和酒送给李广，顺便向李广和赵食其询问迷失道路的情况，要给天子上书报告详细的军情。李广没有回答，大将军派长史急切责令李广幕府的人员前去受审对质。李广说："校尉们没有罪，是我自己迷失道路，我现在亲自到大将军幕府去受审对质。"

到了大将军幕府，李广对他的部下说："我从少年起与匈奴打过大小七十多仗，如今有幸跟随大将军出征同单于军队交战，可是大将军又调我的部队去走迂回绕远的路，偏又迷失道路，这难道不是天意吗？况且我已六十多岁了，毕竟不能再受那些刀笔吏的侮辱。"于是就拔刀自刎了。

李广军中的所有将士都为之痛哭。百姓听到这个消息，不论认识的不认识的，也不论老的少的，都为李广落泪。右将军赵食其单独被交给执法官吏，判为死罪，用财物赎罪成为平民。

【赏析】

在性格上，李广临危不惧、处变不惊，大敌当前指挥若定；在行为上，他总是身先士卒，奋勇杀敌，为平定边境战乱立下汗马功劳。他廉洁轻财、爱护士卒、忠实诚信、口讷少言，虽屡建战功，却备受排挤压抑。尽管如此，李广仍转战疆场，为国效忠，表现出一代良将的高尚品德与宽阔胸怀。

鲁迅文选、名言

祝　福

旧历的年底毕竟最像年底，村镇上不必说，就在天空中也显出将到新年的气象来。灰白色的沉重的晚云中间时时发出闪光，接着一声钝响，是送灶的爆竹；近处燃放的可就更强烈了，震耳的大音还没有息，空气里已经散满了幽微的火药香。我是正在这一夜回到我的故乡鲁镇的。虽说故乡，然而已没有家，所以只得暂寓在鲁四老爷的宅子里。他是我的本家，比我长一辈，应该称之曰“四叔”，是一个讲理学的老监生。他比先前并没有什么大改变，单是老了些，但也还未留胡子，一见面是寒暄，寒暄之后说我“胖了”，说我“胖了”之后即大骂其新党。但我知道，这并非借题在骂我：因为他所骂的还是康有为。但是，谈话是总不投机的了，于是不多久，我便一个人剩在书房里。

第二天我起得很迟，午饭之后，出去看了几个本家和朋友；第三天也照样。他们也都没有什么大改变，单是老了些；家中却一律忙，都在准备着“祝福”。这是鲁镇年终的大典，致敬尽礼，迎接福神，拜求来年一年中的好运气的。杀鸡，宰鹅，买猪肉，用心细细的洗，女人的臂膊都在水里浸得通红，有的还带着绞丝银镯子。煮熟之后，横七竖八的插些筷子在这类东西上，可就称为“福礼”了，五更天陈列起来，并且点上香烛，恭请福神们来享用，拜的却只限于男人，拜完自然仍然是放爆竹。年年如此，家家如此，——只要买得起福礼和爆竹之类的——今年自然也如此。天色愈阴暗了，下午竟下起雪来，雪花大的有梅花那么大，满天飞舞，夹着烟霭和忙碌的气色，将鲁镇乱成一团糟。我回到四叔的书房里时，瓦楞上已经雪白，房里也映得较光明，极分明的显出壁上挂着的朱拓的大“寿”字，陈抟老祖写的，一边的对联已经脱落，松松的卷了放在长桌上，一边的还在，道是“事理通达心气和平”。

我又无聊赖的到窗下的案头去一翻，只见一堆似乎未必完全的《康熙字典》，一部《近思录集注》和一部《四书衬》。无论如何，我明天决计要走了。

况且，一想到昨天遇见祥林嫂的事，也就使我不能安住。那是下午，我到镇的东头访过一个朋友，走出来，就在河边遇见她；而且见她瞪着的眼睛的视线，就知道明明是向我走来的。我这回在鲁镇所见的人们中，改变之大，可以说无过于她的了：五年前的花白的头发，即今已经全白，全不像四十上下的人；脸上瘦削不堪，黄中带黑，而且消尽了先前悲哀的神色，仿佛是木刻似的；只有那眼珠间或一轮，还可以表示她是一个活物。她一手提着竹篮，内中一个破碗，空的；一手拄着一支比她更长的竹竿，下端开了裂：她分明已经纯乎是一个乞丐了。

我就站住，豫备她来讨钱。

"你回来了？"她先这样问。

"是的。"

"这正好。你是识字的，又是出门人，见识得多。我正要问你一件事——"她那没有精采的眼睛忽然发光了。

我万料不到她却说出这样的话来，诧异的站着。

"就是——"她走近两步，放低了声音，极秘密似的切切的说，"一个人死了之后，究竟有没有魂灵的？"

我很悚然，一见她的眼盯着我，背上也就遭了芒刺一般，比在学校里遇到不及预防的临时考，教师又偏是站在身旁的时候，惶急得多了。对于魂灵的有无，我自己是向来毫不介意的；但在此刻，怎样回答她好呢？我在极短的踌躇中，想，这里的人照例相信鬼，然而她，却疑惑了，——或者不如说希望：希望其有，又希望其无……。人何必增添末路的人的苦恼——为她起见，不如说有罢。

"也许有罢，——我想。"我于是吞吞吐吐的说。

"那么，也就有地狱了？"

"啊！地狱？"我很吃惊，只得支吾着，"地狱？——论理，就该也有。——然而也未必……谁来管这等事……。"

"那么，死掉的一家的人，都能见面的？"

"唉唉，见面不见面呢？……"这时我已知道自己也还是完全一个愚人，什么踌躕，什么计画，都挡不住三句问，我即刻胆怯起来了，便想全翻过先前的话来，"那是，……实在，我说不清……其实，究竟有没有魂灵，我也说不清。"

我乘她不再紧接的问，迈开步便走，匆匆的逃回四叔的家中，心里很觉得不安逸。自己想，我这答话怕于她有些危险。她大约因为在别人的祝福时候，感到自身的寂寞了，然而会不会含有别的什么意思的呢？——或者是有了什么豫感了？倘有别的意思，又因此发生别的事，则我的答话委实该负若干的责任……。但随后也就自笑，觉得偶尔的事，本没有什么深意义，而我偏要细细推敲，正无怪教育家要说是生着神经病；而况明明说过“说不清”，已经推翻了答话的全局，即使发生什么事，于我也毫无关系了。

“说不清”是一句极有用的话。不更事的勇敢的少年，往往敢于给人解决疑问，选定医生，万一结果不佳，大抵反成了怨府，然而一用这说不清来作结束，便事事逍遥自在了。我在这时，更感到这一句话的必要，即使和讨饭的女人说话，也是万不可省的。

但是我总觉得不安，过了一夜，也仍然时时记忆起来，仿佛怀着什么不祥的豫感，在阴沉的雪天里，在无聊的书房里，这不安愈加强烈了。不如走罢，明天进城去。福兴楼的清燉鱼翅，一元一大盘，价廉物美，现在不知增价了否？往日同游的朋友，虽然已经云散，然而鱼翅是不可不吃的，即使只有我一个……。无论如何，我明天决计要走了。

我因为常见些但愿不如所料，以为未必竟如所料的事，却每每恰如所料的起来，所以很恐怕这事也一律。果然，特别的情形开始了。傍晚，我竟听到有些人聚在内室里谈话，仿佛议论什么事似的，但不一会，说话声也就止了，只有四叔且走而且高声的说：

“不早不迟，偏偏要在这时候——这就可见是一个谬种！”

我先是诧异，接着是很不安，似乎这话于我有关系。试望门外，谁也没有。好容易待到晚饭前他们的短工来冲茶，我才得了打听消息的机会。

“刚才，四老爷和谁生气呢？”我问。

“还不是和祥林嫂？”那短工简捷的说。

“祥林嫂？怎么了？”我又赶紧的问。

“老了。”

“死了？”我的心突然紧缩，几乎跳起来，脸上大约也变了色，但他始终没有抬头，所以全不觉。我也就镇定了自己，接着问：

“什么时候死的？”

“什么时候？——昨天夜里，或者就是今天罢。——我说不清。”

“怎么死的？”

“怎么死的？——还不是穷死的？”他淡然的回答，仍然没有抬头向我看，出去了。

然而我的惊惶却不过暂时的事，随着就觉得要来的事，已经过去，并不必仰仗我自己的“说不清”和他之所谓“穷死的”的宽慰，心地已经渐渐轻松；不过偶然之间，还似乎有些负疚。晚饭摆出来了，四叔俨然的陪着。我也还想打听些关于祥林嫂的消息，但知道他虽然读过“鬼神者二气之良能也”，而忌讳仍然极多，当临近祝福时候，是万不可提起死亡疾病之类的话的，倘不得已，就该用一种替代的隐语，可惜我又不知道，因此屡次想问，而终于中止了。我从他俨然的脸色上，又忽而疑他正以为我不早不迟，偏要在这时候来打搅他，也是一个谬种，便立刻告诉他明天要离开鲁镇，进城去，趁早放宽了他的心。他也不很留。这样闷闷的吃完了一餐饭。

冬季日短，又是雪天，夜色早已笼罩了全市镇。人们都在灯下匆忙，但窗外很寂静。雪花落在积得厚厚的雪褥上面，听去似乎瑟瑟有声，使人更加感得沉寂。我独坐在发出黄光的菜油灯下，想，这百无聊赖的祥林嫂，被人们弃在尘芥堆中的，看得厌倦了的陈旧的玩物，先前还将形骸露在尘芥里，从活得有趣的人们看来，恐怕要怪讶她何以还要存在，现在总算被无常打扫得干干净净了。魂灵的有无，我不知道；然而在现世，则无聊生者不生，即使厌见者不见，为人为己，也还都不错。我静听着窗外似乎瑟瑟作响的雪花声，一面想，反而渐渐的舒畅起来。

然而先前所见所闻的她的半生事迹的断片，至此也联成一片了。

她不是鲁镇人。有一年的冬初，四叔家里要换女工，做中人的卫老婆子带她进来了，头上扎着白头绳，乌裙，蓝夹袄，月白背心，年纪大约二十六七，脸色青黄，但两颊却还是红的。卫老婆子叫她祥林嫂，说是自己娘家的邻舍，死了当家人，所以出来做工了。四叔皱了皱眉，四婶已经知道了他的意思，是在讨厌她是一个寡妇。但是她模样还周正，手脚都壮大，又只是顺着限，不开一句口，很像一个安分耐劳的人，便不管四叔的皱眉，将她留下了。试工期内，她整天的做，似乎闲着就无聊，又有力，简直抵得过一个男子，所以第三天就定局，每月工钱五百文。

大家都叫她祥林嫂；没问她姓什么，但中人是卫家山人，既说是邻居，那大概也就姓卫了。她不很爱说话，别人问了才回答，答的也不多。直到十几天之后，这才陆续的知道她家里还有严厉的婆婆；一个小叔子，十多岁，能打柴了；她是春天没了丈夫的；他本来也打柴为生，比她小十岁：大家所知道的就只是这一点。

日子很快的过去了，她的做工却毫没有懈，食物不论，力气是不惜的。人们都说鲁四老爷家里雇着了女工，实在比勤快的男人还勤快。到年底，扫尘，洗地，杀鸡，宰鹅，彻夜的煮福礼，全是一人担当，竟没有添短工。然而她反满足，口角边渐渐的有了笑影，脸上也白胖了。

新年才过，她从河边淘米回来时，忽而失了色，说刚才远远地看见几个男人在对岸徘徊，很像夫家的堂伯，恐怕是正在寻她而来的。四婶很惊疑，打听底细，她又不说。四叔一知道，就皱一皱眉，道：

“这不好。恐怕她是逃出来的。”

她诚然是逃出来的，不多久，这推想就证实了。

此后大约十几天，大家正已渐渐忘却了先前的事，卫老婆子忽而带了一个三十多岁的女人进来了，说那是祥林嫂的婆婆。那女人虽是山里人模样，然而应酬很从容，说话也能干，寒暄之后，就赔罪，说她特来叫她的儿媳回家去，因为开春事务忙，而家中只有老的和小的，人手不够了。

"既是她的婆婆要她回去，那有什么话可说呢。"四叔说。

于是算清了工钱，一共一千七百五十文，她全存在主人家，一文也还没有用，便都交给她的婆婆。那女人又取了衣服，道过谢，出去了。其时已经是正午。

"阿呀，米呢？祥林嫂不是去淘米的么？……"好一会，四婶这才惊叫起来。她大约有些饿，记得午饭了。

于是大家分头寻淘箩。她先到厨下，次到堂前，后到卧房，全不见淘箩的影子。四叔踱出门外，也不见，一直到河边，才见平平正正的放在岸上，旁边还有一株菜。

看见的人报告说，河里面上午就泊了一只白篷船，篷是全盖起来的，不知道什么人在里面，但事前也没有人去理会他。待到祥林嫂出来淘米，刚刚要跪下去，那船里便突然跳出两个男人来，像是山里人，一个抱住她，一个帮着，拖进船去了。祥林嫂还哭喊了几声，此后便再没有什么声息，大约给用什么堵住了罢。接着就走上两个女人来，一个不认识，一个就是卫婆子。窥探舱里，不很分明，她像是捆了躺在船板上。

"可恶！然而……。"四叔说。

这一天是四婶自己煮中饭；他们的儿子阿牛烧火。

午饭之后，卫老婆子又来了。

"可恶！"四叔说。

"你是什么意思？亏你还会再来见我们。"四婶洗着碗，一见面就愤愤的说，"你自己荐她来，又合伙劫她去，闹得沸反盈天的，大家看了成个什么样子？你拿我们家里开玩笑么？"

"阿呀阿呀，我真上当。我这回，就是为此特地来说说清楚的。她来求我荐地方，我那里料得到是瞒着她的婆婆的呢。对不起，四老爷，四太太。总是我老发昏不小心，对不起主顾。幸而府上是向来宽洪大量，不肯和小人计较的。这回我一定荐一个好的来折罪……"

"然而……。"四叔说。

于是祥林嫂事件便告终结，不久也就忘却了。

只有四嫂，因为后来雇用的女工，大抵非懒即馋，或者馋而且懒，左右不如意，所以也还提起祥林嫂。每当这些时候，她往往自言自语的说，"她现在不知道怎么样了？”意思是希望她再来。但到第二年的新正，她也就绝了望。

新正将尽，卫老婆子来拜年了，已经喝得醉醺醺的，自说因为回了一趟卫家山的娘家，住下几天，所以来得迟了。她们问答之间，自然就谈到祥林嫂。

“她么？”卫若婆子高兴的说，“现在是交了好运了。她婆婆来抓她回去的时候，是早已许给了贺家墺的贺老六的，所以回家之后不几天，也就装在花轿里抬去了。”

“阿呀，这样的婆婆！……”四婶惊奇的说。

“阿呀，我的太太！你真是大户人家的太太的话。我们山里人，小户人家，这算得什么？她有小叔子，也得娶老婆。不嫁了她，那有这一注钱来做聘礼？他的婆婆倒是精明强干的女人呵，很有打算，所以就将她嫁到里山去。倘许给本村人，财礼就不多；惟独肯嫁进深山野墺里去的女人少，所以她就到手了八十千。现在第二个儿子的媳妇也娶进了，财礼只花了五十，除去办喜事的费用，还剩十多千。吓，你看，这多么好打算？……”

“祥林嫂竟肯依？……”

“这有什么依不依。——闹是谁也总要闹一闹的，只要用绳子一捆，塞在花轿里，抬到男家，捺上花冠，拜堂，关上房门，就完事了。可是祥林嫂真出格，听说那时实在闹得利害，大家还都说大约因为在念书人家做过事，所以与众不同呢。太太，我们见得多了：回头人出嫁，哭喊的也有，说要寻死觅活的也有，抬到男家闹得拜不成天地的也有，连花烛都砸了的也有。祥林嫂可是异乎寻常，他们说她一路只是嚎，骂，抬到贺家墺，喉咙已经全哑了。拉出轿来，两个男人和她的小叔子使劲的捺住她也还拜不成天地。他们一不小心，一松手，阿呀，阿弥陀佛，她就一头撞在香案角上，头上碰了一个大窟窿，鲜血直流，用了两把香灰，包上两块红布还止不住血呢。直到七手八脚的将她和男人反关在新房里，还是骂，阿呀呀，这真是……。”她摇一摇头，顺下眼睛，不说了。

“后来怎么样呢？”四婶还问。

“听说第二天也没有起来。”她抬起眼来说。

“后来呢？”

“后来？——起来了。她到年底就生了一个孩子，男的，新年就两岁了。我在娘家这几天，就有人到贺家墺去，回来说看见他们娘儿俩，母亲也胖，儿子也胖；上头又没有婆婆，男人所有的是力气，会做活；房子是自家的。——唉唉，她真是交了好运了。”

从此之后，四婶也就不再提起祥林嫂。

但有一年的秋季，大约是得到祥林嫂好运的消息之后的又过了两个新年，她竟又站在四叔家的堂前了。桌上放着一个荸荠式的圆篮，檐下一个小铺盖。她仍然头上扎着白头绳，乌裙，蓝夹袄，月白背心，脸色青黄，只是两颊上已经消失了血色，顺着眼，眼角上带些泪痕，眼光也没有先前那样精神了。而且仍然是卫老婆子领着，显出慈悲模样，絮絮的对四婶说：

“……这实在是叫作‘天有不测风云’，她的男人是坚实人，谁知道年纪青青，就会断送在伤寒上？本来已经好了的，吃了一碗冷饭，复发了。幸亏有儿子；她又能做，打柴摘茶养蚕都来得，本来还可以守着，谁知道那孩子又会给狼衔去的呢？春天快完了，村上倒反来了狼，谁料到？现在她只剩了一个光身了。大伯来收屋，又赶她。她真是走投无路了，只好来求老主人。好在她现在已经再没有什么牵挂，太太家里又正巧要换人，所以我就领她来。——我想，熟门熟路，比生手实在好得多……。”

“我真傻，真的，”祥林嫂抬起她没有神采的眼睛来，接着说。“我单知道下雪的时候野兽在山墺里没有食吃，会到村里来；我不知道春天也会有。我一清早起来就开了门，拿小篮盛了一篮豆，叫我们的阿毛坐在门槛上剥豆去。他是很听话的，我的话句句听；他出去了。我就在屋后劈柴，淘米，米下了锅，要蒸豆。我叫阿毛，没有应，出去一看，只见豆撒得一地，没有我们的阿毛了。他是不到别家去玩的；各处去一问，果然没有。我急了，央人出去寻。直到下半天，寻来寻去寻到山墺里，看见刺柴上挂着一只他的小鞋。大家都说，糟了，怕是遭了狼了。再进去；他果然躺在草窠里，肚里的五脏已经都给吃空了，手上还紧紧的捏着那只小篮呢。……”她接着但是呜咽，说不出成句的话来。

四婶起刻还踌蹰，待到听完她自己的话，眼圈就有些红了。她想了一想，便教拿圆篮和铺盖到下房去。卫老婆子仿佛卸了一肩重担似的嘘一口气；祥林嫂比初来时候神气舒畅些，不待指引，自己驯熟的安放了铺盖。她从此又在鲁镇做女工了。

大家仍然叫她祥林嫂。

然而这一回，她的境遇却改变得非常大。上工之后的两三天，主人们就觉得她手脚已没有先前一样灵活，记性也坏得多，死尸似的脸上又整日没有笑影，四婶的口气上，已颇有些不满了。当她初到的时候，四叔虽然照例皱过眉，但鉴于向来雇用女工之难，也就并不大反对，只是暗暗地告诫四婶说，这种人虽然似乎很可怜，但是败坏风俗的，用她帮忙还可以，祭祀时候可用不着她沾手，一切饭菜，只好自己做，否则，不干不净，祖宗是不吃的。

四叔家里最重大的事件是祭祀，祥林嫂先前最忙的时候也就是祭祀，这回她却清闲了。桌子放在堂中央，系上桌帏，她还记得照旧的去分配酒杯和筷子。

“祥林嫂，你放着罢！我来摆。”四婶慌忙的说。

她讪讪的缩了手，又去取烛台。

“祥林嫂，你放着罢！我来拿。”四婶又慌忙的说。

她转了几个圆圈，终于没有事情做，只得疑惑的走开。她在这一天可做的事是不过坐在灶下烧火。

镇上的人们也仍然叫她祥林嫂，但音调和先前很不同；也还和她讲话，但笑容却冷冷的了。她全不理会那些事，只是直着眼睛，和大家讲她自己日夜不忘的故事：

“我真傻，真的，”她说。“我单知道雪天是野兽在深山里没有食吃，会到村里来；我不知道春天也会有。我一大早起来就开了门，拿小篮盛了一篮豆，叫我们的阿毛坐在门槛上剥豆去。他是很听话的孩子，我的话句句听；他就出去了。我就在屋后劈柴，淘米，米下了锅，打算蒸豆。我叫，‘阿毛！’没有应。出去一看，只见豆撒得满地，没有我们的阿毛了。各处去一问，都没有。我急了，央人去寻去。直到下半天，几个人寻到山坳里，看见刺柴上挂着一只他的小鞋。大家都说，完了，怕是遭了狼了；再进去；果然，他躺在草窠里，肚里的五脏已经都给吃空了，可怜他手里还紧紧的捏着那只小篮呢。……”她于是淌下眼泪来，声音也呜咽了。

这故事倒颇有效，男人听到这里，往往敛起笑容，没趣的走了开去；女人们却不独宽恕了她似的，脸上立刻改换了鄙薄的神气，还要陪出许多眼泪来。有些老女人没有在街头听到她的话，便特意寻来，要听她这一段悲惨的故事。直到她说到呜咽，她们也就一齐流下那停在眼角上的眼泪，叹息一番，满足的去了，一面还纷纷的评论着。

她就只是反复的向人说她悲惨的故事，常常引住了三五个人来听她。但不久，大家也都听得纯熟了，便是最慈悲的念佛的老太太们，眼里也再不见有一点泪的痕迹。后来全镇的人们几乎都能背诵她的话，一听到就烦厌得头痛。

“我真傻，真的，”她开首说。

“是的，你是单知道雪天野兽在深山里没有食吃，才会到村里来的。”他们立即打断她的话，走开去了。

她张着口怔怔的站着，直着眼睛看他们，接着也就走了，似乎自己也觉得没趣。但她还妄想，希图从别的事，如小篮，豆，别人的孩子上，引出她的阿毛的故事来。倘一看见两三岁的小孩子，她就说：

“唉唉，我们的阿毛如果还在，也就有这么大了。……”

孩子看见她的眼光就吃惊，牵着母亲的衣襟催她走。于是又只剩下她一个，终于没趣的也走了，后来大家又都知道了她的脾气，只要有孩子在眼前，便似笑非笑的先问她，道：

“祥林嫂，你们的阿毛如果还在，不是也就有这么大了么？”

她未必知道她的悲哀经大家咀嚼赏鉴了许多天，早已成为渣滓，只值得烦厌和唾弃；但从人们的笑影上，也仿佛觉得这又冷又尖，自己再没有开口的必要了。她单是一瞥他们，并不回答一句话。

鲁镇永远是过新年，腊月二十以后就忙起来了。四叔家里这回须雇男短工，还是忙不过来，另叫柳妈做帮手，杀鸡，宰鹅；然而柳妈是善女人，吃素，不杀生的，只肯洗器皿。祥林嫂除烧火之外，没有别的事，却闲着了，坐着只看柳妈洗器皿。微雪点点的下来了。

"唉唉，我真傻，"祥林嫂看了天空，叹息着，独语似的说。

"祥林嫂，你又来了。"柳妈不耐烦的看着她的脸，说。"我问你：你额角上的伤痕，不就是那时撞坏的么？"

"唔唔。"她含胡的回答。

"我问你：你那时怎么后来竟依了呢？"

"我么？……"

"你呀。我想：这总是你自己愿意了，不然……"

"阿阿，你不知道他力气多么大呀。"

"我不信。我不信你这么大的力气，真会拗他不过。你后来一定是自己肯了，倒推说他力气大。"

"阿阿，你……你倒自己试试看。"她笑了。

柳妈的打皱的脸也笑起来，使她蹙缩得像一个核桃；干枯的小眼睛一看祥林嫂的额角，又钉住她的眼。祥林嫂似乎很局促了，立刻敛了笑容，旋转眼光，自去看雪花。

"祥林嫂，你实在不合算。"柳妈诡秘的说。"再一强，或者索性撞一个死，就好了。现在呢，你和你的第二个男人过活不到两年，倒落了一件大罪名。你想，你将来到阴司去，那两个死鬼的男人还要争，你给了谁好呢？阎罗大王只好把你锯开来，分给他们。我想，这真是……。"

她脸上就显出恐怖的神色来，这是在山村里所未曾知道的。

"我想，你不如及早抵当。你到土地庙里去捐一条门槛，当作你的替身，给千人踏，万人跨，赎了这一世的罪名，免得死了去受苦。"

她当时并不回答什么话，但大约非常苦闷了，第二天早上起来的时候，两眼上便都围着大黑圈。早饭之后，她便到镇的西头的土地庙里去求捐门槛。庙祝起初执意不允许，直到她急得流泪，才勉强答应了。价目是大钱十二千。

她久已不和人们交口，因为阿毛的故事是早被大家厌弃了的；但自从和柳妈谈了天，似乎又即传扬开去，许多人都发生了新趣味，又来逗她说话了。至于题目，那自然是换了一个新样，专在她额上的伤疤。

"祥林嫂，我问你：你那时怎么竟肯了？"一个说。

"唉，可惜，白撞了这一下。"一个看着她的疤，应和道。

她大约从他们的笑容和声调上，也知道是在嘲笑她，所以总是瞪着眼睛，不说一句话，后来连头也不回了。她整日紧闭了嘴唇，头上带着大家以为耻辱的记号的那伤痕，默默的跑街，扫地，洗菜，淘米。快够一年，她才从四婶手里支取了历来积存的工钱，换算了十二元鹰洋，请假到镇的西头去。但不到一顿饭时候，她便回来，神气很舒畅，眼光也分外有神，高兴似的对四婶说，自己已经在土地庙捐了门槛了。

冬至的祭祖时节，她做得更出力，看四婶装好祭品，和阿牛将桌子抬到堂屋中央，她便坦然的去拿酒杯和筷子。

"你放着罢，祥林嫂！"四婶慌忙大声说。

她像是受了炮烙似的缩手，脸色同时变作灰黑，也不再去取烛台，只是失神的站着。直到四叔上香的时候，教她走开，她才走开。这一回她的变化非常大，第二天，不但眼睛窈陷下去，连精神也更不济了。而且很胆怯，不独怕暗夜，怕黑影，即使看见人，虽是自己的主人，也总惴惴的，有如在白天出穴游行的小鼠；否则呆坐着，直是一个木偶人。不半年，头发也花白起来了，记性尤其坏，甚而至于常常忘却了去淘米。

"祥林嫂怎么这样了？倒不如那时不留她。"四婶有时当面就这样说，似乎是警告她。

然而她总如此，全不见有伶俐起来的希望。他们于是想打发她走了，教她回到卫老婆子那里去。但当我还在鲁镇的时候，不过单是这样说；看现在的情状，可见后来终于实行了。然而她是从四叔家出去就成了乞丐的呢，还是先到卫老婆子家然后再成乞丐的呢？那我可不知道。

我给那些因为在近旁而极响的爆竹声惊醒，看见豆一般大的黄色的灯火光，接着又听得毕毕剥剥的鞭炮，是四叔家正在"祝福"了；知道已是五更将近时候。我在蒙胧中，又隐约听到远处的爆竹声联绵不断，似乎合成一天音响的浓云，夹着团团飞舞的雪花，拥抱了全市镇。我在这繁响的拥抱中，也懒散而且舒适，从白天以至初夜的疑虑，全给祝福的空气一扫而空了，只觉得天地圣众歆享了牲醴和香烟，都醉醺醺的在空中蹒跚，豫备给鲁镇的人们以无限的幸福。

孔乙己

鲁镇的酒店的格局，是和别处不同的：都是当街一个曲尺形的大柜台，柜里面预备着热水，可以随时温酒。做工的人，傍午傍晚散了工，每每花四文铜钱，买一碗酒，——这是二十多年前的事，现在每碗要涨到十文，——靠柜外站着，热热的喝了休息；倘肯多花一文，便可以买一碟盐煮笋，或者茴香豆，做下酒物了，如果出到十几文，那就能买一样荤菜，但这些顾客，多是短衣帮，大抵没有这样阔绰。只有穿长衫的，才踱进店面隔壁的房子里，要酒要菜，慢慢地坐喝。

我从十二岁起，便在镇口的咸亨酒店里当伙计，掌柜说，样子太傻，怕侍候不了长衫主顾，就在外面做点事罢。外面的短衣主顾，虽然容易说话，但唠唠叨叨缠夹不清的也很不少。他们往往要亲眼看着黄酒从坛子里舀出，看过壶子底里有水没有，又亲看将壶子放在热水里，然后放心：在这严重兼督下，羼水也很为难。所以过了几天，掌柜又说我干不了这事。幸亏荐头的情面大，辞退不得，便改为专管温酒的一种无聊职务了。

我从此便整天的站在柜台里，专管我的职务。虽然没有什么失职，但总觉得有些单调，有些无聊。掌柜是一副凶脸孔，主顾也没有好声气，教人活泼不得；只有孔乙己到店，才可以笑几声，所以至今还记得。

孔乙己是站着喝酒而穿长衫的唯一的人。他身材很高大；青白脸色，皱纹间时常夹些伤痕；一部乱蓬蓬的花白的胡子。穿的虽然是长衫，可是又脏又破，似乎十多年没有补，也没有洗。他对人说话，总是满口之乎者也，教人半懂不懂的。因为他姓孔，别人便从描红纸上的“上大人孔乙己”这半懂不懂的话里，替他取下一个绰号，叫作孔乙己。孔乙己一到店，所有喝酒的人便都看着他笑，有的叫道，“孔乙己，你脸上又添上新伤疤了！”他不回答，对柜里说，“温两碗酒，要一碟茴香豆。”便排出九文大钱。他们又故意的高声嚷道，“你一定又偷了人家的东西了！”孔乙己睁大眼睛说，“你怎么这样凭空污人清白……”

“什么清白？我前天亲眼见你偷了何家的书，吊着打。”孔乙己便涨红了脸，额上的青筋条条绽出，争辩道，“窃书不能算偷……窃书！……读书人的事，能算偷么？”接连便是难懂的话，什么“君子固穷”，什么“者乎”之类，引得众人都哄笑起来：店内外充满了快活的空气。

听人家背地里谈论，孔乙己原来也读过书，但终于没有进学，又不会营生；于是愈过愈穷，弄到将要讨饭了。幸而写得一笔好字，便替人家抄抄书，换一碗饭吃。可惜他又有一样坏脾气，便是好吃懒做。坐不到几天，便连人和书籍纸张笔砚，一齐失踪。如是几次，叫他抄书的人也没有了。孔乙己没有法，便免不了偶然做些偷窃的事。但他在我们店里，品行却比别人都好，就是从不拖欠；虽然间或没有现钱，暂时记在粉板上，但不出一月，定然还清，从粉板上拭去了孔乙己的名字。

孔乙己喝过半碗酒，涨红的脸色渐渐复了原，旁人便又问道，“孔乙己，你当真认识字么？”孔乙己看着问他的人，显出不屑置辩的神气。他们便接着说道，“你怎的连半个秀才也捞不到呢？”孔乙己立刻显出颓唐不安模样，脸上笼上了一层灰色，嘴里说些话；这回可是全是之乎者也之类，一些不懂了。在这时候，众人也都哄笑起来：店内外充满了快活的空气。

在这些时候，我可以附和着笑，掌柜是决不责备的。而且掌柜见了孔乙己，也每每这样问他，引人发笑。孔乙己自己知道不能和他们谈天，便只好向孩子说话。有一回对我说道，“你读过书么？”我略略点一点头。他说，“读过书，……我便考你一考。茴香豆的茴字，怎样写的？”我想，讨饭一样的人，也配考我么？便回过脸去，不再理会。孔乙己等了许久，很恳切的说道，“不能写罢？……我教给你，记着！这些字应该记着。将来做掌柜的时候，写账要用。”我暗想我和掌柜的等级还很远呢，而且我们掌柜也从不将茴香豆上账；又好笑，又不耐烦，懒懒的答他道，“谁要你教，不是草头底下一个来回的回字么？”孔乙己显出极高兴的样子，将两个指头的长指甲敲着柜台，点头说，“对呀对呀！……回字有四样写法，你知道么？”我愈不耐烦了，努着嘴走远。孔乙己刚用指甲蘸了酒，想在柜上写字，见我毫不热心，便又叹一口气，显出极惋惜的样子。

有几回，邻居孩子听得笑声，也赶热闹，围住了孔乙己。他便给他们茴香豆，一人一颗。孩子吃完豆，仍然不散，眼睛都望着碟子。孔乙己着了慌，伸开五指将碟子罩住，弯腰下去说道，“不多了，我已经不多了。”直起身又看一看豆，自己摇头说，“不多不多！多乎哉？不多也。”于是这一群孩子都在笑声里走散了。孔乙己是这样的使人快活，可是没有他，别人也便这么过。

有一天，大约是中秋前的两三天，掌柜正在慢慢的结账，取下粉板，忽然说，“孔乙己长久没有来了。还欠十九个钱呢！”我才也觉得他的确长久没有来了。一个喝酒的人说道，“他怎么会来？……他打折了腿了。”掌柜说，“哦！”“他总仍旧是偷。这一回，是自己发昏，竟偷到丁举人家里去了。他家的东西，偷得的么？”“后来怎么样？”“怎么样？先写服辩，后来是打，打了大半夜，再打折了腿。”“后来呢？”“后来打折了腿了。”“打折了怎样呢？”“怎样？……谁晓得？许是死了。”掌柜也不再问，仍然慢慢的算他的账。

中秋之后，秋风是一天凉比一天，看看将近初冬；我整天的靠着火，也须穿上棉袄了。一天的下半天，没有一个顾客，我正合了眼坐着。忽然间听得一个声音，“温一碗酒。”这声音虽然极低，却很耳熟。看时又全没有人。站起来向外一望，那孔乙己便在柜台下对了门槛坐着。他脸上黑而且瘦，已经不成样子；穿一件破夹袄，盘着两腿，下面垫一个蒲包，用草绳在肩上挂住；见了我，又说道，“温一碗酒。”掌柜也伸出头去，一面说，“孔乙己么？你还欠十九个钱呢！”孔乙己很颓唐的仰面答道，“这……下回还清罢。这一回是现钱，酒要好。”掌柜仍然同平常一样，笑着对他说，“孔乙己，你又偷了东西了！”但他这回却不十分分辩，单说了一句“不要取笑！”“取笑？要是不偷，怎么会打断腿？”孔乙己低声说道，“跌断，跌，跌……”他的眼色，很像恳求掌柜，不要再提。此时已经聚集了几个人，便和掌柜都笑了。我温了酒，端出去，放在门槛上。他从破衣袋里摸出四文大钱，放在我手里，见他满手是泥，原来他便用这手走来的。不一会，他喝完酒，便又在旁人的说笑声中，坐着用这手慢慢走去了。

自此以后，又长久没有看见孔乙己。到了年关，掌柜取下粉板说，“孔乙己还欠十九个钱呢！”到第二年的端午，又说“孔乙己还欠十九个钱呢！”到中秋可是没有说，再到年关也没有看见他。

我到现在终于没有见——大约孔乙己的确死了。

阿Q正传

第一章 序

我要给阿Q做正传，已经不止一两年了。但一面要做，一面又往回想，这足见我不是一个“立言”的人，因为从来不朽之笔，须传不朽之人，于是人以文传，文以人传——究竟谁靠谁传，渐渐的不甚了然起来，而终于归结到传阿Q，仿佛思想里有鬼似的。

然而要做这一篇速朽的文章，才下笔，便感到万分的困难了。第一是文章的名目。孔子曰，“名不正则言不顺”。这原是应该极注意的。传的名目很繁多：列传，自传，内传，外传，别传，家传，小传……，而可惜都不合。“列传”么，这一篇并非和许多阔人排在“正史”里；“自传”么，我又并非就是阿Q。说是“外传”，“内传”在那里呢？倘用“内传”，阿Q又决不是神仙。“别传”呢，阿Q实在未曾有大总统上谕宣付国史馆立“本传”——虽说英国史上并无“博徒列传”，而文豪迭更司也做过《博徒别传》这一部书，但文豪则可，在我辈却不可。其次是“家传”，则我既不知与阿Q是否同宗，也未曾受他子孙的拜托；或“小传”，则阿Q又更无别的“大传”了。总而言之，这一篇也便是“本传”，但从我的文章着想，因为文体卑下，是“引车卖浆者流”所用的话，所以不敢僭称，便从不入三教九流的小说家所谓“闲话休题言归正传”这一句套话里，取出“正传”两个字来，作为名目，即使与古人所撰《书法正传》的“正传”字面上很相混，也顾不得了。

第二，立传的通例，开首大抵该是“某，字某，某地人也”，而我并不知道阿Q姓什么。有一回，他似乎是姓赵，但第二日便模糊了。那是赵太爷的儿子进了秀才的时候，锣声镗镗的报到村里来，阿Q正喝了两碗黄酒，便手舞足蹈的说，这于他也很光采，因为他和赵太爷原来是本家，细细的排起来他还比秀才长三辈呢。其时几个旁听人倒也肃然的有些起敬了。那知道第二天，地保便叫阿Q到赵太爷家里去；太爷一见，满脸溅朱，喝道：

“阿Q，你这浑小子！你说我是你的本家么？”

阿Q不开口。

赵太爷愈看愈生气了，抢进几步说：“你敢胡说！我怎么会有你这样的本家？你姓赵么？”

阿Q不开口，想往后退了；赵太爷跳过去，给了他一个嘴巴。

“你怎么会姓赵！——你那里配姓赵！”

阿Q并没有抗辩他确凿姓赵，只用手摸着左颊，和地保退出去了；外面又被地保训斥了一番，谢了地保二百文酒钱。知道的人都说阿Q太荒唐，自己去招打；他大约未必姓赵，即使真姓赵，有赵太爷在这里，也不该如此胡说的。此后便再没有人提起他的氏族来，所以我终于不知道阿Q究竟什么姓。

第三，我又不知道阿Q的名字是怎么写的。他活着的时候，人都叫他阿 Quei，死了以后，便没有一个人再叫阿 Quei 了，那里还会有“著之竹帛”的事。若论“著之竹帛”，这篇文章要算第一次，所以先遇着了这第一个难关。我曾仔细想：阿 Quei，阿桂还是阿贵呢？倘使他号月亭，或者在八月间做过生日，那一定是阿桂了；而他既没有号——也许有号，只是没有人知道他，——又未尝散过生日征文的帖子：写作阿桂，是武断的。又倘使他有一位老兄或令弟叫阿富，那一定是阿贵了；而他又只是一个人：写作阿贵，也没有佐证的。其余音 Quei 的偏僻字样，更加凑不上了。先前，我也曾问过赵太爷的儿子茂才先生，谁料博雅如此公，竟也茫然，但据结论说，是因为陈独秀办了《新青年》提倡洋字，所以国粹沦亡，无可查考了。我的最后的手段，只有托一个同乡去查阿Q犯事的案卷，八个月之后才有回信，说案卷里并无与阿 Quei 的声音相近的人。我虽不知道是真没有，还是没有查，然而也再没有别的方法了。生怕注音字母还未通行，只好用了“洋字”，照英国流行的拼法写他为阿 Quei，略作阿Q。这近于盲从《新青年》，自己也很抱歉，但茂才公尚且不知，我还有什么好办法呢。

第四，是阿Q的籍贯了。倘他姓赵，则据现在好称郡望的老例，可以照《郡名百家姓》上的注解，说是“陇西天水人也”，但可惜这姓是不甚可靠的，因此籍贯也就有些决不定。他虽然多住未庄，然而也常常宿在别处，不能说是未庄人，即使说是“未庄人也”，也仍然有乖史法的。

我所聊以自慰的，是还有一个“阿”字非常正确，绝无附会假借的缺点，颇可以就正于通人。至于其余，却都非浅学所能穿凿，只希望有“历史癖与考据癖”的胡适之先生的门人们，将来或者能够寻出许多新端绪来，但是我这《阿Q正传》到那时却又怕早经消灭了。

以上可以算是序。

第二章 优胜记略

阿Q不独是姓名籍贯有些渺茫，连他先前的“行状”也渺茫。因为未庄的人们之于阿Q，只要他帮忙，只拿他玩笑，从来没有留心他的“行状”的。而阿Q自己也不说，独有和别人口角的时候，间或瞪着眼睛道：

“我们先前——比你阔的多啦！你算是什么东西！”

阿Q没有家，住在未庄的土谷祠里；也没有固定的职业，只给人家做短工，割麦便割麦，舂米便舂米，撑船便撑船。工作略长久时，他也或住在临时主人的家里，但一完就走了。所以，人们忙碌的时候，也还记起阿Q来，然而记起的是做工，并不是“行状”；一闲空，连阿Q都早忘却，更不必说“行状”了。只是有一回，有一个老头子颂扬说：“阿Q真能做！”这时阿Q赤着膊，懒洋洋的瘦伶仃的正在他面前，别人也摸不着这话是真心还是讥笑，然而阿Q很喜欢。

阿Q又很自尊，所有未庄的居民，全不在他眼睛里，甚而至于对于两位“文童”也有以为不值一笑的神情。夫文童者，将来恐怕要变秀才者也；赵太爷钱太爷大受居民的尊敬，除有钱之外，就因为都是文童的爹爹，而阿Q在精神上独不表格外的崇奉，他想：我的儿子会阔得多啦！加以进了几回城，阿Q自然更自负，然而他又很鄙薄城里人，譬如用三尺三寸宽的木板做成的凳子，未庄人叫“长凳”，他也叫“长凳”，城里人却叫“条凳”，他想：这是错的，可笑！油煎大头鱼，未庄都加上半寸长的葱叶，城里却加上切细的葱丝，他想：这也是错的，可笑！然而未庄人真是不见世面的可笑的乡下人呵，他们没有见过城里的煎鱼！

阿Q“先前阔”，见识高，而且“真能做”，本来几乎是一个“完人”了，但可惜他体质上还有一些缺点。最恼人的是在他头皮上，颇有几处不知起于何时的癞疮疤。这虽然也在他身上，而看阿Q的意思，倒也似乎以为不足贵的，因为他讳说“癞”以及一切近于“赖”的音，后来推而广之，“光”也讳，“亮”也讳，再后来，连“灯”“烛”都讳了。一犯讳，不问有心与无心，阿Q便全疤通红的发起怒来，估量了对手，口讷的他便骂，气力小的他便打；然而不知怎么一回事，总还是阿Q吃亏的时候多。于是他渐渐的变换了方针，大抵改为怒目而视了。谁知道阿Q采用怒目主义之后，未庄的闲人们便愈喜欢玩笑他。一见面，他们便假作吃惊的说：

“哙，亮起来了。”

阿Q照例的发了怒，他怒目而视了。

“原来有保险灯在这里！”他们并不怕。

阿Q没有法，只得另外想出报复的话来：

“你还不配……”这时候，又仿佛在他头上的是一种高尚的光容的癞头疮，并非平常的癞头疮了；但上文说过，阿Q是有见识的，他立刻知道和“犯忌”有点抵触，便不再往底下说。

闲人还不完，只撩他，于是终而至于打。阿Q在形式上打败了，被人揪住黄辫子，在壁上碰了四五个响头，闲人这才心满意足的得胜的走了，阿Q站了一刻，心里想，“我总算被儿子打了，现在的世界真不像样……”于是也心满意足的得胜的走了。

阿Q想在心里的，后来每每说出口来，所以凡是和阿Q玩笑的人们，几乎全知道他有这一种精神上的胜利法，此后每逢揪住他黄辫子的时候，人就先一着对他说：

“阿Q，这不是儿子打老子，是人打畜生。自己说：人打畜生！”

阿Q两只手都捏住了自己的辫根，歪着头，说道：

“打虫豸，好不好？我是虫豸——还不放么？”

但虽然是虫豸，闲人也并不放，仍旧在就近什么地方给他碰了五六个响头，这才心满意足的得胜的走了，他以为阿Q这回可遭了瘟。然而不到十秒钟，阿Q也心满意足的得胜的走了，他觉得他是第一个能够自轻自贱的人，除了“自轻自贱”不算外，余下的就是“第一个”。状元不也是“第一个”么？“你算是什么东西”呢！？

阿Q以如是等等妙法克服怨敌之后，便愉快的跑到酒店里喝几碗酒，又和别人调笑一通，口角一通，又得了胜，愉快的回到土谷祠，放倒头睡着了。假使有钱，他便去押牌宝，一堆人蹲在地面上，阿Q即汗流满面的夹在这中间，声音他最响：

“青龙四百！”

“咳——开——啦！”桩家揭开盒子盖，也是汗流满面的唱。“天门啦——角回啦——！人和穿堂空在那里啦——！阿Q的铜钱拿过来——！”

“穿堂一百—— 一百五十！”

阿Q的钱便在这样的歌吟之下，渐渐的输入别个汗流满面的人物的腰间。他终于只好挤出堆外，站在后面看，替别人着急，一直到散场，然后恋恋的回到土谷祠，第二天，肿着眼睛去工作。

但真所谓“塞翁失马安知非福”罢，阿Q不幸而赢了一回，他倒几乎失败了。

这是未庄赛神的晚上。这晚上照例有一台戏，戏台左近，也照例有许多的赌摊。做戏的锣鼓，在阿Q耳朵里仿佛在十里之外；他只听得桩家的歌唱了。他赢而又赢，铜钱变成角洋，角洋变成大洋，大洋又成了叠。他兴高采烈得非常：

“天门两块！”

他不知道谁和谁为什么打起架来了。骂声打声脚步声，昏头昏脑的一大阵，他才爬起来，赌摊不见了，人们也不见了，身上有几处很似乎有些痛，似乎也挨了几拳几脚似的，几个人诧异的对他看。他如有所失的走进土谷祠，定一定神，知道他的一堆洋钱不见了。赶赛会的赌摊多不是本村人，还到那里去寻根柢呢？

很白很亮的一堆洋钱！而且是他的——现在不见了！说是算被儿子拿去了罢，总还是忽忽不乐；说自己是虫豸罢，也还是忽忽不乐：他这回才有些感到失败的苦痛了。

但他立刻转败为胜了。他擎起右手，用力的在自己脸上连打了两个嘴巴，热剌剌的有些痛；打完之后，便心平气和起来，似乎打的是自己，被打的是别一个自己，不久也就仿佛是自己打了别个一般，——虽然还有些热剌剌，——心满意足的得胜的躺下了。

他睡着了。

第三章　续优胜记略

然而阿Q虽然常优胜，却直待蒙赵太爷打他嘴巴之后，这才出了名。

他付过地保二百文酒钱，愤愤的躺下了，后来想："现在的世界太不成话，儿子打老子……"于是忽而想到赵太爷的威风，而现在是他的儿子了，便自己也渐渐的得意起来，爬起身，唱着《小孤孀上坟》到酒店去。这时候，他又觉得赵太爷高人一等了。

说也奇怪，从此之后，果然大家也仿佛格外尊敬他。这在阿Q，或者以为因为他是赵太爷的父亲，而其实也不然。未庄通例，倘如阿七打阿八，或者李四打张三，向来本不算口碑。一上口碑，则打的既有名，被打的也就托庇有了名。至于错在阿Q，那自然是不必说。所以者何？就因为赵太爷是不会错的。但他既然错，为什么大家又仿佛格外尊敬他呢？这可难解，穿凿起来说，或者因为阿Q说是赵太爷的本家，虽然挨了打，大家也还怕有些真，总不如尊敬一些稳当。否则，也如孔庙里的太牢一般，虽然与猪羊一样，同是畜生，但既经圣人下箸，先儒们便不敢妄动了。

阿Q此后倒得意了许多年。

有一年的春天，他醉醺醺的在街上走，在墙根的日光下，看见王胡在那里赤着膊捉虱子，他忽然觉得身上也痒起来了。这王胡，又癞又胡，别人都叫他王癞胡，阿Q却删去了一个癞字，然而非常渺视他。阿Q的意思，以为癞是不足为奇的，只有这一部络腮胡子，实在太新奇，令人看不上眼。他于是并排坐下去了。倘是别的闲人们，阿Q本不敢大意坐下去。但这王胡旁边，他有什么怕呢？老实说：他肯坐下去，简直还是抬举他。

阿Q也脱下破夹袄来，翻检了一回，不知道因为新洗呢还是因为粗心，许多工夫，只捉到三四个。他看那王胡，却是一个又一个，两个又三个，只放在嘴里毕毕剥剥的响。阿Q最初是失望，后来却不平了：看不上眼的王胡尚且那么多，自己倒反这样少，这是怎样的大失体统的事呵！他很想寻一两个大的，然而竟没有，好容易才捉到一个中的，恨恨的塞在厚嘴唇里，狠命一咬，劈的一声，又不及王胡的响。

他癞疮疤块块通红了，将衣服摔在地上，吐一口唾沫，说：

“这毛虫！”

“癞皮狗，你骂谁？”王胡轻蔑的抬起眼来说。

阿Q近来虽然比较的受人尊敬，自己也更高傲些，但和那些打惯的闲人们见面还胆怯，独有这回却非常武勇了。这样满脸胡子的东西，也敢出言无状么？

“谁认便骂谁！”他站起来，两手叉在腰间说。

“你的骨头痒了么？”王胡也站起来，披上衣服说。

阿Q以为他要逃了，抢进去就是一拳。这拳头还未达到身上，已经被他抓住了，只一拉，阿Q跄跄踉踉的跌进去，立刻又被王胡扭住了辫子，要拉到墙上照例去碰头。

“‘君子动口不动手’！”阿Q歪着头说。

王胡似乎不是君子，并不理会，一连给他碰了五下，又用力的一推，至于阿Q跌出六尺多远，这才满足的去了。

在阿Q的记忆上，这大约要算是生平第一件的屈辱，因为王胡以络腮胡子的缺点，向来只被他奚落，从没有奚落他，更不必说动手了。而他现在竟动手，很意外，难道真如市上所说，皇帝已经停了考，不要秀才和举人了，因此赵家减了威风，因此他们也便小觑了他么？

阿Q无可适从的站着。

远远的走来了一个人，他的对头又到了。这也是阿Q最厌恶的一个人，就是钱太爷的大儿子。他先前跑上城里去进洋学堂，不知怎么又跑到东洋去了，半年之后他回到家里来，腿也直了，辫子也不见了，他的母亲大哭了十几场，他的老婆跳了三回井。后来，他的母亲到处说，“这辫子是被坏人灌醉了酒剪去了。本来可以做大官，现在只好等留长再说了。”然而阿Q不肯信，偏称他“假洋鬼子”，也叫作“里通外国的人”，一见他，一定在肚子里暗暗的咒骂。

阿Q尤其“深恶而痛绝之”的，是他的一条假辫子。辫子而至于假，就是没有了做人的资格；他的老婆不跳第四回井，也不是好女人。

这“假洋鬼子”近来了。

“秃儿。驴……”阿Q历来本只在肚子里骂，没有出过声，这回因为正气忿，因为要报仇，便不由的轻轻的说出来了。

不料这秃儿却拿着一支黄漆的棍子——就是阿Q所谓哭丧棒——大踏步走了过来。阿Q在这刹那，便知道大约要打了，赶紧抽紧筋骨，耸了肩膀等候着，果然，拍的一声，似乎确凿打在自己头上了。

“我说他！”阿Q指着近旁的一个孩子，分辩说。

拍！拍拍！

在阿Q的记忆上，这大约要算是生平第二件的屈辱。幸而拍拍的响了之后，于他倒似乎完结了一件事，反而觉得轻松些，而且“忘却”这一件祖传的宝贝也发生了效力，他慢慢的走，将到酒店门口，早已有些高兴了。

但对面走来了静修庵里的小尼姑。阿Q便在平时，看见伊也一定要唾骂，而况在屈辱之后呢？他于是发生了回忆，又发生了敌忾了。

“我不知道我今天为什么这样晦气，原来就因为见了你！”他想。

他迎上去，大声的吐一口唾沫：

“咳，呸！”

小尼姑全不睬，低了头只是走。阿Q走近伊身旁，突然伸出手去摩着伊新剃的头皮，呆笑着，说：

“秃儿！快回去，和尚等着你……”

“你怎么动手动脚……”尼姑满脸通红的说，一面赶快走。

酒店里的人大笑了。阿Q看见自己的勋业得了赏识，便愈加兴高采烈起来：

“和尚动得，我动不得？”他扭住伊的面颊。

酒店里的人大笑了。阿Q更得意，而且为了满足那些赏鉴家起见，再用力的一拧，才放手。

他这一战，早忘却了王胡，也忘却了假洋鬼子，似乎对于今天的一切“晦气”都报了仇；而且奇怪，又仿佛全身比拍拍的响了之后轻松，飘飘然的似乎要飞去了。

“这断子绝孙的阿Q！”远远地听得小尼姑的带哭的声音。

“哈哈哈！”阿Q十分得意的笑。

“哈哈哈！”酒店里的人也九分得意的笑。

第四章　恋爱的悲剧

有人说：有些胜利者，愿意敌手如虎，如鹰，他才感得胜利的欢喜；假使如羊，如小鸡，他便反觉得胜利的无聊。又有些胜利者，当克服一切之后，看见死的死了，降的降了，“臣诚惶诚恐死罪死罪”，他于是没有了敌人，没有了对手，没有了朋友，只有自己在上，一个，孤另另，凄凉，寂寞，便反而感到了胜利的悲哀。然而我们的阿Q却没有这样乏，他是永远得意的：这或者也是中国精神文明冠于全球的一个证据了。看哪，他飘飘然的似乎要飞去了！

然而这一次的胜利，却又使他有些异样。他飘飘然的飞了大半天，飘进土谷祠，照例应该躺下便打鼾。谁知道这一晚，他很不容易合眼，他觉得自己的大拇指和第二指有点古怪：仿佛比平常滑腻些。不知道是小尼姑的脸上有一点滑腻的东西粘在他指上，还是他的指头在小尼姑脸上磨得滑腻了？……

“断子绝孙的阿Q！”

阿Q的耳朵里又听到这句话。他想：不错，应该有一个女人，断子绝孙便没有人供一碗饭，……应该有一个女人。夫“不孝有三，无后为大”，而“若敖之鬼馁而”，也是一件人生的大哀，所以他那思想，其实是样样合于圣经贤传的，只可惜后来有些“不能收其放心”了。

“女人，女人！……”他想。

“……和尚动得……女人，女人！……女人！”他又想。

我们不能知道这晚上阿Q在什么时候才打鼾。但大约他从此总觉得指头有些滑腻，所以他从此总有些飘飘然；“女……”他想。

即此一端，我们便可以知道女人是害人的东西。

中国的男人，本来大半都可以做圣贤，可惜全被女人毁掉了。商是妲己闹亡的；周是褒姒弄坏的；秦……虽然史无明文，我们也假定他因为女人，大约未必十分错；而董卓可是的确给貂蝉害死了。

阿Q本来也是正人，我们虽然不知道他曾蒙什么明师指授过，但他对于“男女之大防”却历来非常严；也很有排斥异端——如小尼姑及假洋鬼子之类——的正气。他的学说是：凡尼姑，一定与和尚私通；一个女人在外面走，一定想引诱野男人；一男一女在那里讲话，一定要有勾当了。为惩治他们起见，所以他往往怒目而视，或者大声说几句“诛心”话，或者在冷僻处，便从后面掷一块小石头。

谁知道他将到“而立”之年，竟被小尼姑害得飘飘然了。这飘飘然的精神，在礼教上是不应该有的，——所以女人真可恶，假使小尼姑的脸上不滑腻，阿Q便不至于被蛊，又假使小尼姑的脸上盖一层布，阿Q便也不至于被蛊了，——他五六年前，曾在戏台下的人丛中拧过一个女人的大腿，但因为隔一层裤，所以此后并不飘飘然，——而小尼姑并不然，这也足见异端之可恶。

“女……”阿Q想。

他对于以为“一定想引诱野男人”的女人，时常留心看，然而伊并不对他笑。他对于和他讲话的女人，也时常留心听，然而伊又并不提起关于什么勾当的话来。哦，这也是女人可恶之一节：伊们全都要装“假正经”的。

这一天，阿Q在赵太爷家里舂了一天米，吃过晚饭，便坐在厨房里吸旱烟。倘在别家，吃过晚饭本可以回去的了，但赵府上晚饭早，虽说定例不准掌灯，一吃完便睡觉，然而偶然也有一些例外：其一，是赵大爷未进秀才的时候，准其点灯读文章；

其二，便是阿Q来做短工的时候，准其点灯舂米。因为这一条例外，所以阿Q在动手舂米之前，还坐在厨房里吸旱烟。

吴妈，是赵太爷家里唯一的女仆，洗完了碗碟，也就在长凳上坐下了，而且和阿Q谈闲天：

“太太两天没有吃饭哩，因为老爷要买一个小的……”

“女人……吴妈……这小孤孀……”阿Q想。

“我们的少奶奶是八月里要生孩子了……”

“女人……”阿Q想。

阿Q放下烟管，站了起来。

“我们的少奶奶……”吴妈还唠叨说。

“我和你困觉，我和你困觉！”阿Q忽然抢上去，对伊跪下了。

一刹时中很寂然。

“阿呀！”吴妈楞了一息，突然发抖，大叫着往外跑，且跑且嚷，似乎后来带哭了。

阿Q对了墙壁跪着也发楞，于是两手扶着空板凳，慢慢的站起来，仿佛觉得有些糟。他这时确也有些忐忑了，慌张的将烟管插在裤带上，就想去舂米。蓬的一声，头上着了很粗的一下，他急忙回转身去，那秀才便拿了一支大竹杠站在他面前。

“你反了，……你这……”

大竹杠又向他劈下来了。阿Q两手去抱头，拍的正打在指节上，这可很有些痛。他冲出厨房门，仿佛背上又着了一下似的。

“王八蛋！”秀才在后面用了官话这样骂。

阿Q奔入舂米场，一个人站着，还觉得指头痛，还记得“忘八蛋”，因为这话是未庄的乡下人从来不用，专是见过官府的阔人用的，所以格外怕，而印象也格外深。但这时，他那“女……”的思想却也没有了。而且打骂之后，似乎一件事也已经收束，倒反觉得一无挂碍似的，便动手去舂米。舂了一会，他热起来了，又歇了手脱衣服。

脱下衣服的时候，他听得外面很热闹，阿Q生平本来最爱看热闹，便即寻声走出去了。寻声渐渐的寻到赵太爷的内院里，虽然在昏黄中，却辨得出许多人，赵府一家连两日不吃饭的太太也在内，还有间壁的邹七嫂，真正本家的赵白眼，赵司晨。

少奶奶正拖着吴妈走出下房来，一面说：

“你到外面来，……不要躲在自己房里想……”

“谁不知道你正经，……短见是万万寻不得的。”邹七嫂也从旁说。

吴妈只是哭，夹些话，却不甚听得分明。

阿Q想：“哼，有趣，这小孤孀不知道闹着什么玩意儿了？”他想打听，走近赵司晨的身边。这时他猛然间看见赵大爷向他奔来，而且手里捏着一支大竹杠。他看见这一支大竹杠，便猛然间悟到自己曾经被打，和这一场热闹似乎有点相关。他翻身便走，想逃回舂米场，不图这支竹杠阻了他的去路，于是他又翻身便走，自然而然的走出后门，不多工夫，已在土谷祠内了。

阿Q坐了一会，皮肤有些起粟，他觉得冷了，因为虽在春季，而夜间颇有余寒，尚不宜于赤膊。他也记得布衫留在赵家，但倘若去取，又深怕秀才的竹杠。然而地保进来了。

“阿Q，你的妈妈的！你连赵家的用人都调戏起来，简直是造反。害得我晚上没有觉睡，你的妈妈的！……”

如是云云的教训了一通，阿Q自然没有话。临末，因为在晚上，应该送地保加倍酒钱四百文，Q正没有现钱，便用一顶毡帽做抵押，并且订定了五条件：

一、明天用红烛——要一斤重的——一对，香一封，到赵府上去赔罪。

二、赵府上请道士祓除缢鬼，费用由阿Q负担。

三、阿Q从此不准踏进赵府的门槛。

四、吴妈此后倘有不测，惟阿Q是问。

五、阿Q不准再去索取工钱和布衫。

阿Q自然都答应了，可惜没有钱。幸而已经春天，棉被可以无用，便质了二千大钱，履行条约。赤膊磕头之后，居然还剩几文，他也不再赎毡帽，统统喝了酒了。但赵家也并不烧香点烛，因为太太拜佛的时候可以用，留着了。那破布衫是大半做了少奶奶八月间生下来的孩子的衬尿布，那小半破烂的便都做了吴妈的鞋底。

第五章　生计问题

阿Q礼毕之后，仍旧回到土谷祠，太阳下去了，渐渐觉得世上有些古怪。他仔细一想，终于省悟过来：其原因盖在自己的赤膊。他记得破夹袄还在，便披在身上，躺倒了，待张开眼睛，原来太阳又已经照在西墙上头了。他坐起身，一面说道，“妈妈的……”

他起来之后，也仍旧在街上逛，虽然不比赤膊之有切肤之痛，却又渐渐的觉得世上有些古怪了。仿佛从这一天起，未庄的女人们忽然都怕了羞，伊们一见阿Q走来，便个个躲进门里去。甚而至于将近五十岁的邹七嫂，也跟着别人乱钻，而且将十一岁的女儿都叫进去了。阿Q很以为奇，而且想：“这些东西忽然都学起小姐模样来了。这娼妇们……”

但他更觉得世上有些古怪，却是许多日以后的事。其一，酒店不肯赊欠了；其二，管土谷祠的老头子说些废话，似乎叫他走；其三，他虽然记不清多少日，但确乎有许多日，没有一个人来叫他做短工。酒店不赊，熬着也罢了；老头子催他走，噜苏一通也就算了；只是没有人来叫他做短工，却使阿Q肚子饿：这委实是一件非常“妈妈的”的事情。

阿Q忍不下去了，他只好到老主顾的家里去探问，——但独不许踏进赵府的门槛，——然而情形也异样：一定走出一个男人来，现了十分烦厌的相貌，像回复乞丐一般的摇手道：

“没有没有！你出去！”

阿Q愈觉得稀奇了。他想，这些人家向来少不了要帮忙，不至于现在忽然都无事，这总该有些蹊跷在里面了。他留心打听，才知道他们有事都去叫小D on。这小D，是一个穷小子，又瘦又乏，在阿Q的眼睛里，位置是在王胡之下的，谁料这小子竟谋了他的饭碗去。所以阿Q这一气，更与平常不同，当气愤愤的走着的时候，忽然将手一扬，唱道：

“我手执钢鞭将你打！……”

几天之后，他竟在钱府的照壁前遇见了小D。“仇人相见分外眼明”，阿Q便迎上去，小D也站住了。

“畜生！”阿Q怒目而视的说，嘴角上飞出唾沫来。

“我是虫豸，好么？……”小D说。

这谦逊反使阿Q更加愤怒起来，但他手里没有钢鞭，于是只得扑上去，伸手去拔小D的辫子。小D一手护住了自己的辫根，一手也来拔阿Q的辫子，阿Q便也将空着的一只手护住了自己的辫根。从先前的阿Q看来，小D本来是不足齿数的，但他近来挨了饿，又瘦又乏已经不下于小D，所以便成了势均力敌的现象，四只手拔着两颗头，都弯了腰，在钱家粉墙上映出一个蓝色的虹形，至于半点钟之久了。

“好了，好了！”看的人们说，大约是解劝的。

“好，好！”看的人们说，不知道是解劝，是颂扬，还是煽动。

然而他们都不听。阿Q进三步，小D便退三步，都站着；小D进三步，阿Q便退三步，又都站着。大约半点钟，——未庄少有自鸣钟，所以很难说，或者二十分，——他们的头发里便都冒烟，额上便都流汗，阿Q的手放松了，在同一瞬间，小D的手也正放松了，同时直起，同时退开，都挤出人丛去。

“记着罢，妈妈的……”阿Q回过头去说。

“妈妈的，记着罢……”小D也回过头来说。

这一场“龙虎斗”似乎并无胜败，也不知道看的人可满足，都没有发什么议论，而阿Q却仍然没有人来叫他做短工。

有一日很温和，微风拂拂的颇有些夏意了，阿Q却觉得寒冷起来，但这还可担当，第一倒是肚子饿。棉被，毡帽，布衫，早已没有了，其次就卖了棉袄；现在有裤子，却万不可脱的；有破夹袄，又除了送人做鞋底之外，决定卖不出钱。他早想在路上拾得一注钱，但至今还没有见；他想在自己的破屋里忽然寻到一注钱，慌张的四顾，但屋内是空虚而且了然。于是他决计出门求食去了。

他在路上走着要“求食”，看见熟识的酒店，看见熟识的馒头，但他都走过了，不但没有暂停，而且并不想要。他所求的不是这类东西了；他求的是什么东西，他自己不知道。

未庄本不是大村镇，不多时便走尽了。村外多是水田，满眼是新秧的嫩绿，夹着几个圆形的活动的黑点，便是耕田的农夫。阿Q并不赏鉴这田家乐，却只是走，因为他直觉的知道这与他的“求食”之道是很辽远的。但他终于走到静修庵的墙外了。

庵周围也是水田，粉墙突出在新绿里，后面的低土墙里是菜园。阿Q迟疑了一会，四面一看，并没有人。他便爬上这矮墙去，扯着何首乌藤，但泥土仍然簌簌的掉，阿Q的脚也索索的抖；终于攀着桑树枝，跳到里面了。里面真是郁郁葱葱，但似乎并没有黄酒馒头，以及此外可吃的之类。靠西墙是竹丛，下面许多笋，只可惜都是并未煮熟的，还有油菜早经结子，芥菜已将开花，小白菜也很老了。

阿Q仿佛文童落第似的觉得很冤屈，他慢慢走近园门去，忽而非常惊喜了，这分明是一畦老萝卜。他于是蹲下便拔，而门口突然伸出一个很圆的头来，又即缩回去了，这分明是小尼姑。小尼姑之流是阿Q本来视若草芥的，但世事须“退一步想”，所以他便赶紧拔起四个萝卜，拧下青叶，兜在大襟里。然而老尼姑已经出来了。

“阿弥陀佛，阿Q，你怎么跳进园里来偷萝卜！……阿呀，罪过呵，阿唷，阿弥陀佛！……”

“我什么时候跳进你的园里来偷萝卜？”阿Q且看且走的说。

“现在……这不是？”老尼姑指着他的衣兜。

“这是你的？你能叫得他答应你么？你……”

阿Q没有说完话，拔步便跑；追来的是一匹很肥大的黑狗。这本来在前门的，不知怎的到后园来了。黑狗哼而且追，已经要咬着阿Q的腿，幸而从衣兜里落下一个萝卜来，那狗给一吓，略略一停，阿Q已经爬上桑树，跨到土墙，连人和萝卜都滚出墙外面了。只剩着黑狗还在对着桑树嗥，老尼姑念着佛。

阿Q怕尼姑又放出黑狗来，拾起萝卜便走，沿路又捡了几块小石头，但黑狗却并不再现。阿Q于是抛了石块，一面走一面吃，而且想道，这里也没有什么东西寻，不如进城去……

待三个萝卜吃完时，他已经打定了进城的主意了。

第六章　从中兴到末路

在未庄再看见阿Q出现的时候，是刚过了这年的中秋。人们都惊异，说是阿Q回来了，于是又回上去想道，他先前那里去了呢？阿Q前几回的上城，大抵早就兴高采烈的对人说，但这一次却并不，所以也没有一个人留心到。他或者也曾告诉过管土谷祠的老头子，然而未庄老例，只有赵太爷钱太爷和秀才大爷上城才算一件事。假洋鬼子尚且不足数，何况是阿Q。因此老头子也就不替他宣传，而未庄的社会上也就无从知道了。

但阿Q这回的回来，却与先前大不同，确乎很值得惊异。天色将黑，他睡眼蒙胧的在酒店门前出现了，他走近柜台，从腰间伸出手来，满把是银的和铜的，在柜上一扔说，“现钱！打酒来！”穿的是新夹袄，看去腰间还挂着一个大搭连，沉钿钿的将裤带坠成了很弯很弯的弧线。未庄老例，看见略有些醒目的人物，是与其慢也宁敬的，现在虽然明知道是阿Q，但因为和破夹袄的阿Q有些两样了，古人云，“士别三日便当刮目相待”，所以堂倌，掌柜，酒客，路人，便自然显出一种凝而且敬的形态来。掌柜既先之以点头，又继之以谈话：

“嗄，阿Q，你回来了！”

“回来了。”

“发财发财，你是——在……”

“上城去了！”

这一件新闻，第二天便传遍了全未庄。人人都愿意知道现钱和新夹袄的阿Q的中兴史，所以在酒店里，茶馆里，庙檐下，便渐渐的探听出来了。这结果，是阿Q得了新敬畏。

据阿Q说，他是在举人老爷家里帮忙。这一节，听的人都肃然了。这老爷本姓白，但因为合城里只有他一个举人，所以不必再冠姓，说起举人来就是他。这也不独在未庄是如此，便是一百里方圆之内也都如此，人们几乎多以为他的姓名就叫举人老爷的了。在这人的府上帮忙，那当然是可敬的。但据阿Q又说，他却不高兴再帮忙了，因为这举人老爷实在太“妈妈的”了。这一节，听的人都叹息而且快意，因为阿Q本不配在举人老爷家里帮忙，而不帮忙是可惜的。

据阿Q说，他的回来，似乎也由于不满意城里人，这就在他们将长凳称为条凳，而且煎鱼用葱丝，加以最近观察所得的缺点，是女人的走路也扭得不很好。然而也偶有大可佩服的地方，即如未庄的乡下人不过打三十二张的竹牌，只有假洋鬼子能够叉“麻酱”，城里却连小乌龟子都叉得精熟的。什么假洋鬼子，只要放在城里的十几岁的小乌龟子的手里，也就立刻是“小鬼见阎王”。这一节，听的人都赧然了。

“你们可看见过杀头么？”阿Q说，“咳，好看。杀革命党。唉，好看好看，……”他摇摇头，将唾沫飞在正对面的赵司晨的脸上。这一节，听的人都凛然了。但阿Q又四面一看，忽然扬起右手，照着伸长脖子听得出神的王胡的后项窝上直劈下去道：

“嚓！”

王胡惊得一跳，同时电光石火似的赶快缩了头，而听的人又都悚然而且欣然了。从此王胡瘟头瘟脑的许多日，并且再不敢走近阿Q的身边；别的人也一样。

阿Q这时在未庄人眼睛里的地位，虽不敢说超过赵太爷，但谓之差不多，大约也就没有什么语病的了。

然而不多久，这阿Q的大名忽又传遍了未庄的闺中。虽然未庄只有钱赵两姓是大屋，此外十之九都是浅闺，但闺中究竟是闺中，所以也算得一件神异。女人们见面时一定说，邹七嫂在阿Q那里买了一条蓝绸裙，旧固然是旧的，但只化了九角钱。还有赵白眼的母亲，——一说是赵司晨的母亲，待考，——也买了大红洋纱衫，七成新，只用三百大钱九二串。于是伊们都眼巴巴的想见阿Q，缺绸裙的想问他买绸裙，要洋纱衫的想问他买洋纱衫，不但见了不逃避，有时阿Q已经走过了，也还要追上去叫住他，问道：

“阿Q，你还有绸裙么？没有？纱衫也要的，有罢？”

后来这终于从浅闺传进深闺里去了。因为邹七嫂得意之余，将伊的绸裙请赵太太去鉴赏，赵太太又告诉了赵太爷而且着实恭维了一番。赵太爷便在晚饭桌上，和秀才大爷讨论，以为阿Q实在有些古怪，我们门窗应该小心些；但他的东西，不知道可还有什么可买，也许有点好东西罢。加以赵太太也正想买一件价廉物美的皮背心。于是家族决议，便托邹七嫂即刻去寻阿Q，而且为此新辟了第三种的例外：这晚上也姑且特准点油灯。油灯干了不少了，阿Q还不到。赵府的全眷都很焦急，打着呵欠，或恨阿Q太飘忽，或怨邹七嫂不上紧。赵太太还怕他因为春天的条件不敢来，而赵太爷以为不足虑：因为这是“我”去叫他的。果然，到底赵太爷有见识，阿Q终于跟着邹七嫂进来了。

“他只说没有没有，我说你自己当面说去，他还要说，我说……”邹七嫂气喘吁吁的走着说。

“太爷！”阿Q似笑非笑的叫了一声，在檐下站住了。

“阿Q，听说你在外面发财，”赵太爷踱开去，眼睛打量着他的全身，一面说。“那很好，那很好的。这个，……听说你有些旧东西，……可以都拿来看一看，……这也并不是别的，因为我倒要……”

“我对邹七嫂说过了。都完了。”

“完了？”赵太爷不觉失声的说，“那里会完得这样快呢？”

“那是朋友的，本来不多。他们买了些，……”

“总该还有一点罢。”

“现在，只剩了一张门幕了。”

“就拿门幕来看看罢。”赵太太慌忙说。

“那么,明天拿来就是,”赵太爷却不甚热心了。“阿Q,你以后有什么东西的时候，你尽先送来给我们看，……”

“价钱决不会比别家出得少！”秀才说。秀才娘子忙一瞥阿Q的脸，看他感动了没有。

“我要一件皮背心。”赵太太说。

阿Q虽然答应着，却懒洋洋的出去了，也不知道他是否放在心上。这使赵太爷很失望，气愤而且担心，至于停止了打呵欠。秀才对于阿Q的态度也很不平，于是说，这王八蛋要提防，或者不如吩咐地保，不许他住在未庄。但赵太爷以为不然，说这也怕要结怨，况且做这路生意的大概是“老鹰不吃窝下食”，本村倒不必担心的；只要自己夜里警醒点就是了。秀才听了这“庭训”，非常之以为然，便即刻撤消了驱逐阿Q的提议，而且叮嘱邹七嫂，请伊千万不要向人提起这一段话。

但第二日，邹七嫂便将那蓝裙去染了皂，又将阿Q可疑之点传扬出去了，可是确没有提起秀才要驱逐他这一节。然而这已经于阿Q很不利。最先，地保寻上门了，取了他的门幕去，阿Q说是赵太太要看的，而地保也不还并且要议定每月的孝敬钱。其次，是村人对于他的敬畏忽而变相了，虽然还不敢来放肆，却很有远避的神情，而这神情和先前的防他来“嚓”的时候又不同，颇混着“敬而远之”的分子了。

只有一班闲人们却还要寻根究底的去探阿Q的底细。阿Q也并不讳饰，傲然的说出他的经验来。从此他们才知道，他不过是一个小脚色，不但不能上墙，并且不能进洞，只站在洞外接东西。有一夜，他刚才接到一个包，正手再进去，不一会，只听得里面大嚷起来，他便赶紧跑，连夜爬出城，逃回未庄来了，从此不敢再去做。然而这故事却于阿Q更不利，村人对于阿Q的“敬而远之”者，本因为怕结怨，谁料他不过是一个不敢再偷的偷儿呢？这实在是“斯亦不足畏也矣”。

第七章　革　命

宣统三年九月十四日——即阿Q将搭连卖给赵白眼的这一天——三更四点，有一只大乌篷船到了赵府上的河埠头。这船从黑魆魆中荡来，乡下人睡得熟，都没有知道；出去时将近黎明，却很有几个看见的了。据探头探脑的调查来的结果，知道那竟是举人老爷的船！

那船便将大不安载给了未庄，不到正午，全村的人心就很动摇。船的使命，赵家本来是很秘密的，但茶坊酒肆里却都说，革命党要进城，举人老爷到我们乡下来逃难了。惟有邹七嫂不以为然，说那不过是几口破衣箱，举人老爷想来寄存的，却已被赵太爷回复转去。其实举人老爷和赵秀才素不相能，在理本不能有“共患难”的情谊，况且邹七嫂又和赵家是邻居，见闻较为切近，所以大概该是伊对的。

然而谣言很旺盛，说举人老爷虽然似乎没有亲到，却有一封长信，和赵家排了“转折亲”。赵太爷肚里一轮，觉得于他总不会有坏处，便将箱子留下了，现就塞在太太的床底下。至于革命党，有的说是便在这一夜进了城，个个白盔白甲：穿着崇正皇帝的素。

阿Q的耳朵里，本来早听到过革命党这一句话，今年又亲眼见过杀掉革命党。但他有一种不知从那里来的意见，以为革命党便是造反，造反便是与他为难，所以一向是“深恶而痛绝之”的。殊不料这却使百里闻名的举人老爷有这样怕，于是他未免也有些“神往”了，况且未庄的一群鸟男女的慌张的神情，也使阿Q更快意。

“革命也好罢，”阿Q想，“革这伙妈妈的命，太可恶！太可恨！……便是我，也要投降革命党了。”

阿Q近来用度窘，大约略略有些不平；加以午间喝了两碗空肚酒，愈加醉得快，一面想一面走，便又飘飘然起来。不知怎么一来，忽而似乎革命党便是自己，未庄人却都是他的俘虏了。他得意之余，禁不住大声的嚷道：

“造反了！造反了！”

未庄人都用了惊惧的眼光对他看。这一种可怜的眼光，是阿Q从来没有见过的，一见之下，又使他舒服得如六月里喝了雪水。他更加高兴的走而且喊道：

“好，……我要什么就是什么，我欢喜谁就是谁。

得得，锵锵！

悔不该，酒醉错斩了郑贤弟，

悔不该，呀呀呀……

得得，锵锵，得，锵令锵！

我手执钢鞭将你打……”

赵府上的两位男人和两个真本家，也正站在大门口论革命。阿Q没有见，昂了头直唱过去。

“得得，……”

“老Q，”赵太爷怯怯的迎着低声的叫。

“锵锵，”阿Q料不到他的名字会和“老”字联结起来，以为是一句别的话，与己无干，只是唱。“得，锵，锵令锵，锵！”

“老Q。”

“悔不该……”

“阿Q！”秀才只得直呼其名了。

阿Q这才站住，歪着头问道，“什么？”

“老Q，……现在……！”赵太爷却又没有话，“现在……发财么？”

“发财？自然。要什么就是什么……”

“阿……Q哥，像我们这样穷朋友是不要紧的……”赵白眼惴惴的说，似乎想探革命党的口风。

“穷朋友？你总比我有钱。”阿Q说着自去了。

大家都怃然，没有话。赵太爷父子回家，晚上商量到点灯。赵白眼回家，便从腰间扯下搭连来，交给他女人藏在箱底里。

阿Q飘飘然的飞了一通，回到土谷祠，酒已经醒透了。这晚上，管祠的老头子也意外的和气，请他喝茶；阿Q便向他要了两个饼，吃完之后，又要了一支点过的四两烛和一个树烛台，点起来，独自躺在自己的小屋里。他说不出的新鲜而且高兴，烛火像元夜似的闪闪的跳，他的思想也迸跳起来了：

“造反？有趣，……来了一阵白盔白甲的革命党，都拿着板刀，钢鞭，炸弹，洋炮，三尖两刃刀，钩镰枪，走过土谷祠，叫道，‘阿Q！同去同去！’于是一同去。……

“这时未庄的一伙鸟男女才好笑哩，跪下叫道，‘阿Q，饶命！’谁听他！第一个该死的是小D和赵太爷，还有秀才，还有假洋鬼子，……留几条么？王胡本来还可留，但也不要了。……

“东西，……直走进去打开箱子来：元宝，洋钱，洋纱衫，……秀才娘子的一张宁式床先搬到土谷祠，此外便摆了钱家的桌椅，——或者也就用赵家的罢。自己是不动手的了，叫小D来搬，要搬得快，搬得不快打嘴巴。……

“赵司晨的妹子真丑。邹七嫂的女儿过几年再说。假洋鬼子的老婆会和没有辫子的男人睡觉，吓，不是好东西！秀才的老婆是眼胞上有疤的。……吴妈长久不见了，不知道在那里，——可惜脚太大。”

阿Q没有想得十分停当，已经发了鼾声，四两烛还只点去了小半寸，红焰焰的光照着他张开的嘴。

“荷荷！”阿Q忽而大叫起来，抬了头仓皇的四顾，待到看见四两烛，却又倒头睡去了。

第二天他起得很迟，走出街上看时，样样都照旧。他也仍然肚饿，他想着，想不起什么来；但他忽而似乎有了主意了，慢慢的跨开步，有意无意的走到静修庵。

庵和春天时节一样静，白的墙壁和漆黑的门。他想了一想，前去打门，一只狗在里面叫。他急急拾了几块断砖，再上去较为用力的打，打到黑门上生出许多麻点的时候，才听得有人来开门。

阿Q连忙捏好砖头，摆开马步，准备和黑狗来开战。但庵门只开了一条缝，并无黑狗从中冲出，望进去只有一个老尼姑。

“你又来什么事？”伊大吃一惊的说。

“革命了……你知道？……”阿Q说得很含胡。

“革命革命，革过一革的，……你们要革得我们怎么样呢？”老尼姑两眼通红的说。

“什么？……”阿Q诧异了。

“你不知道，他们已经来革过了！”

“谁？……”阿Q更其诧异了。

“那秀才和洋鬼子！”

阿Q很出意外，不由的一错愕；老尼姑见他失了锐气，便飞速的关了门，阿Q再推时，牢不可开，再打时，没有回答了。

那还是上午的事。赵秀才消息灵，一知道革命党已在夜间进城，便将辫子盘在顶上，一早去拜访那历来也不相能的钱洋鬼子。这是“咸与维新”的时候了，所以他们便谈得很投机，立刻成了情投意合的同志，也相约去革命。他们想而又想，才想出静修庵里有一块“皇帝万岁万万岁”的龙牌，是应该赶紧革掉的，于是又立刻同到庵里去革命。因为老尼姑来阻挡，说了三句话，他们便将伊当作满政府，在头上很给了不少的棍子和栗凿。尼姑待他们走后，定了神来检点，龙牌固然已经碎在地上了，而且又不见了观音娘娘座前的一个宣德炉。

这事阿Q后来才知道。他颇悔自己睡着，但也深怪他们不来招呼他。他又退一步想道：

“难道他们还没有知道我已经投降了革命党么？”

第八章 不准革命

未庄的人心日见其安静了。据传来的消息，知道革命党虽然进了城，倒还没有什么大异样。知县大老爷还是原官，不过改称了什么，而且举人老爷也做了什么——这些名目，未庄人都说不明白——官，带兵的也还是先前的老把总。只有一件可怕的事是另有几个不好的革命党夹在里面捣乱，第二天便动手剪辫子，听说那邻村的航船七斤便着了道儿，弄得不像人样子了。但这却还不算大恐怖，因为未庄人本来少上城，即使偶有想进城的，也就立刻变了计，碰不着这危险。阿Q本也想进城去寻他的老朋友，一得这消息，也只得作罢了。

但未庄也不能说是无改革。几天之后，将辫子盘在顶上的逐渐增加起来了，早经说过，最先自然是茂才公，其次便是赵司晨和赵白眼，后来是阿Q。倘在夏天，大家将辫子盘在头顶上或者打一个结，本不算什么稀奇事，但现在是暮秋，所以这“秋行夏令”的情形，在盘辫家不能不说是万分的英断，而在未庄也不能说无关于改革了。

赵司晨脑后空荡荡的走来，看见的人大嚷说，

“豁，革命党来了！”

阿Q听到了很羡慕。他虽然早知道秀才盘辫的大新闻，但总没有想到自己可以照样做，现在看见赵司晨也如此，才有了学样的意思，定下实行的决心。他用一支竹筷将辫子盘在头顶上，迟疑多时，这才放胆的走去。

他在街上走，人也看他，然而不说什么话，阿Q当初很不快，后来便很不平。他近来很容易闹脾气了；其实他的生活，倒也并不比造反之前反艰难，人见他也客气，店铺也不说要现钱。而阿Q总觉得自己太失意：既然革了命，不应该只是这样的。况且有一回看见小D，愈使他气破肚皮了。

小D也将辫子盘在头顶上了，而且也居然用一支竹筷。阿Q万料不到他也敢这样做，自己也决不准他这样做！小D是什么东西呢？他很想即刻揪住他，拗断他的竹筷，放下他的辫子，并且批他几个嘴巴，聊且惩罚他忘了生辰八字，也敢来做革命党的罪。但他终于饶放了，单是怒目而视的吐一口唾沫道“呸！”

这几日里，进城去的只有一个假洋鬼子。赵秀才本也想靠着寄存箱子的渊源，亲身去拜访举人老爷的，但因为有剪辫的危险，所以也中止了。他写了一封“黄伞格”的信，托假洋鬼子带上城，而且托他给自己绍介绍介，去进自由党。假洋鬼子回来时，向秀才讨还了四块洋钱，秀才便有一块银桃子挂在大襟上了；未庄人都惊服，说这是柿油党的顶子，抵得一个翰林；赵太爷因此也骤然大阔，远过于他儿子初隽秀才的时候，所以目空一切，见了阿Q，也就很有些不放在眼里了。

阿Q正在不平，又时时刻刻感着冷落，一听得这银桃子的传说，他立即悟出自己之所以冷落的原因了：要革命，单说投降，是不行的；盘上辫子，也不行的；第一着仍然要和革命党去结识。他生平所知道的革命党只有两个，城里的一个早已“嚓”的杀掉了，现在只剩了一个假洋鬼子。他除却赶紧去和假洋鬼子商量之外，再没有别的道路了。

钱府的大门正开着，阿Q便怯怯的躄进去。他一到里面，很吃了惊，只见假洋鬼子正站在院子的中央，一身乌黑的大约是洋衣，身上也挂着一块银桃子，手里是阿Q曾经领教过的棍子，已经留到一尺多长的辫子都拆开了披在肩背上，蓬头散发

的像一个刘海仙。对面挺直的站着赵白眼和三个闲人，正在必恭必敬的听说话。

阿Q轻轻的走近了，站在赵白眼的背后，心里想招呼，却不知道怎么说才好：叫他假洋鬼子固然是不行的了，洋人也不妥，革命党也不妥，或者就应该叫洋先生了罢。洋先生却没有见他，因为白着眼睛讲得正起劲：

“我是性急的，所以我们见面，我总是说：洪哥！我们动手罢！他却总说道No！——这是洋话，你们不懂的。否则早已成功了。然而这正是他做事小心的地方。他再三再四的请我上湖北，我还没有肯。谁愿意在这小县城里做事情。……”

“唔，……这个……”阿Q候他略停，终于用十二分的勇气开口了，但不知道因为什么，又并不叫他洋先生。

听着说话的四个人都吃惊的回顾他。洋先生也才看见：

“什么？”

“我……”

“出去！”

“我要投……”

“滚出去！”洋先生扬起哭丧棒来了。

赵白眼和闲人们便都吆喝道：“先生叫你滚出去，你还不听么！”

阿Q将手向头上一遮，不自觉的逃出门外；洋先生倒也没有追。他快跑了六十多步，这才慢慢的走，于是心里便涌起了忧愁：洋先生不准他革命，他再没有别的路；从此决不能指望有白盔白甲的人来叫他，他所有的抱负，志向，希望，前程，全被一笔勾销了。至于闲人们传扬开去，给小D王胡等辈笑话，倒是还在其次的事。

他似乎从来没有经验过这样的无聊。他对于自己的盘辫子，仿佛也觉得无意味，要侮蔑；为报仇起见，很想立刻放下辫子来，但也没有竟放。他游到夜间，赊了两碗酒，喝下肚去，渐渐的高兴起来了，思想里才又出现白盔白甲的碎片。

有一天，他照例的混到夜深，待酒店要关门，才踱回土谷祠去。

拍，吧——！

他忽而听得一种异样的声音，又不是爆竹。阿Q本来是爱看热闹，爱管闲事的，便在暗中直寻过去。似乎前面有些脚步声；他正听，猛然间一个人从对面逃来了。阿Q一看见，便赶紧翻身跟着逃。那人转弯，阿Q也转弯，那人站住了，阿Q也站住。他看后面并无什么，看那人便是小D。

“什么？”阿Q不平起来了。

“赵……赵家遭抢了！”小D气喘吁吁的说。

阿Q的心怦怦的跳了。小D说了便走；阿Q却逃而又停的两三回。但他究竟是做过“这路生意”的人，格外胆大，于是蹩出路角，仔细的听，似乎有些嚷嚷，又仔细的看，似乎许多白盔白甲的人，络绎的将箱子抬出了，器具抬出了，秀才娘子的宁式床也抬出了，但是不分明，他还想上前，两只脚却没有动。

这一夜没有月，未庄在黑暗里很寂静，寂静到像羲皇时候一般太平。阿Q站着看到自己发烦，也似乎还是先前一样，在那里来来往往的搬，箱子抬出了，器具抬出了，秀才娘子的宁式床也抬出了，……抬得他自己有些不信他的眼睛了。但他决计不再上前，却回到自己的祠里去了。

土谷祠里更漆黑；他关好大门，摸进自己的屋子里。他躺了好一会，这才定了神，而且发出关于自己的思想来：白盔白甲的人明明到了，并不来打招呼，搬了许多好东西，又没有自己的份，——这全是假洋鬼子可恶，不准我造反，否则，这次何至于没有我的份呢？阿Q越想越气，终于禁不住满心痛恨起来，毒毒的点一点头："不准我造反，只准你造反？妈妈的假洋鬼子，——好，你造反！造反是杀头的罪名呵，我总要告一状，看你抓进县里去杀头，——满门抄斩，——嚓！嚓！"

第九章　大团圆

赵家遭抢之后，未庄人大抵很快意而且恐慌，阿Q也很快意而且恐慌。但四天之后，阿Q在半夜里忽被抓进县城里去了。那时恰是暗夜，一队兵，一队团丁，一队警察，五个侦探，悄悄地到了未庄，乘昏暗围住土谷祠，正对门架好机关枪；然而阿Q不冲出。许多时没有动静，把总焦急起来了，悬了二十千的赏，才有两个团丁冒了险，逾垣进去，里应外合，一拥而入，将阿Q抓出来；直待擒出祠外面的机关枪左近，他才有些清醒了。

到进城，已经是正午，阿Q见自己被搀进一所破衙门，转了五六个弯，便推在一间小屋里。他刚刚一跄踉，那用整株的木料做成的栅栏门便跟着他的脚跟阖上了，其余的三面都是墙壁，仔细看时，屋角上还有两个人。

阿Q虽然有些忐忑，却并不很苦闷，因为他那土谷祠里的卧室，也并没有比这间屋子更高明。那两个也仿佛是乡下人，渐渐和他兜搭起来了，一个说是举人老爷要追他祖父欠下来的陈租，一个不知道为了什么事。他们问阿Q，阿Q爽利的答道，"因为我想造反。"

他下半天便又被抓出栅栏门去了，到得大堂，上面坐着一个满头剃得精光的老头子。阿Q疑心他是和尚，但看见下面站着一排兵，两旁又站着十几个长衫人物，也有满头剃得精光像这老头子的，也有将一尺来长的头发披在背后像那假洋鬼子的，都是一脸横肉，怒目而视的看他；他便知道这人一定有些来历，膝关节立刻自然而然的宽松，便跪了下去了。

“站着说！不要跪！”长衫人物都吆喝说。

阿Q虽然似乎懂得，但总觉得站不住，身不由己的蹲了下去，而且终于趁势改为跪下了。

“奴隶性！……”长衫人物又鄙夷似的说，但也没有叫他起来。

“你从实招来罢，免得吃苦。我早都知道了。招了可以放你。”那光头的老头子看定了阿Q的脸，沉静的清楚的说。

“招罢！”长衫人物也大声说。

“我本来要……来投……”阿Q胡里胡涂的想了一通，这才断断续续的说。

“那么，为什么不来的呢？”老头子和气的问。

“假洋鬼子不准我！”

“胡说！此刻说，也迟了。现在你的同党在那里？”

“什么？……”

“那一晚打劫赵家的一伙人。”

“他们没有来叫我。他们自己搬走了。”阿Q提起来便愤愤。

“走到那里去了呢？说出来便放你了。”老头子更和气了。

“我不知道，……他们没有来叫我……”

然而老头子使了一个眼色，阿Q便又被抓进栅栏门里了。他第二次抓出栅栏门，是第二天的上午。

大堂的情形都照旧。上面仍然坐着光头的老头子，阿Q也仍然下了跪。

老头子和气的问道，“你还有什么话说么？”

阿Q一想，没有话，便回答说，“没有。”

于是一个长衫人物拿了一张纸，并一支笔送到阿Q的面前，要将笔塞在他手里。阿Q这时很吃惊，几乎“魂飞魄散”了：因为他的手和笔相关，这回是初次。他正不知怎样拿；那人却又指着一处地方教他画花押。

“我……我……不认得字。”阿Q一把抓住了笔，惶恐而且惭愧的说。

“那么，便宜你，画一个圆圈！”

阿Q要画圆圈了，那手捏着笔却只是抖。于是那人替他将纸铺在地上，阿Q伏下去，使尽了平生的力气画圆圈。他生怕被人笑话，立志要画得圆，但这可恶的笔不但很沉重，并且不听话，刚刚一抖一抖的几乎要合缝，却又向外一耸，画成瓜子模样了。

阿Q正羞愧自己画得不圆，那人却不计较，早已掣了纸笔去，许多人又将他第二次抓进栅栏门。

他第二次进了栅栏，倒也并不十分懊恼。他以为人生天地之间，大约本来有时要抓进抓出，有时要在纸上画圆圈的，惟有圈而不圆，却是他“行状”上的一个污点。但不多时也就释然了，他想：孙子才画得很圆的圆圈呢。于是他睡着了。

然而这一夜，举人老爷反而不能睡：他和把总呕了气了。举人老爷主张第一要追赃，把总主张第一要示众。把总近来很不将举人老爷放在眼里了，拍案打凳的说道，“惩一儆百！你看，我做革命党还不上二十天，抢案就是十几件，全不破案，我的面子在那里？破了案，你又来迂。不成！这是我管的！”举人老爷窘急了，然而还坚持，说是倘若不追赃，他便立刻辞了帮办民政的职务。而把总却道，“请便罢！”于是举人老爷在这一夜竟没有睡，但幸第二天倒也没有辞。

阿Q第三次抓出栅栏门的时候，便是举人老爷睡不着的那一夜的明天的上午了。他到了大堂，上面还坐着照例的光头老头子；阿Q也照例的下了跪。

老头子很和气的问道，“你还有什么话么？”

阿Q一想，没有话，便回答说，“没有。”

许多长衫和短衫人物，忽然给他穿上一件洋布的白背心，上面有些黑字。阿Q很气苦：因为这很像是带孝，而带孝是晦气的。然而同时他的两手反缚了，同时又被一直抓出衙门外去了。

阿Q被抬上了一辆没有蓬的车，几个短衣人物也和他同坐在一处。这车立刻走动了，前面是一班背着洋炮的兵们和团丁，两旁是许多张着嘴的看客，后面怎样，阿Q没有见。但他突然觉到了：这岂不是去杀头么？他一急，两眼发黑，耳朵里嗡的一声，似乎发昏了。然而他又没有全发昏，有时虽然着急，有时却也泰然；他意思之间，似乎觉得人生天地间，大约本来有时也未免要杀头的。

他还认得路，于是有些诧异了：怎么不向着法场走呢？他不知道这是在游街，在示众。但即使知道也一样，他不过便以为人生天地间，大约本来有时也未免要游街要示众罢了。

他省悟了，这是绕到法场去的路，这一定是“嚓”的去杀头。他惘惘的向左右看，全跟着马蚁似的人，而在无意中，却在路旁的人丛中发见了一个吴妈。很久违，伊原来在城里做工了。阿Q忽然很羞愧自己没志气：竟没有唱几句戏。他的思想仿佛旋风似的在脑里一回旋：《小孤孀上坟》欠堂皇，《龙虎斗》里的“悔不该……”也太乏，还是“手执钢鞭将你打”罢。他同时想手一扬，才记得这两手原来都捆着，于是“手执钢鞭”也不唱了。

“过了二十年又是一个……”阿Q在百忙中，“无师自通”的说出半句从来不说的话。

“好！！！”从人丛里，便发出豺狼的嗥叫一般的声音来。

车子不住的前行，阿Q在喝采声中，轮转眼睛去看吴妈，似乎伊一向并没有见他，却只是出神的看着兵们背上的洋炮。

阿Q于是再看那些喝采的人们。

这刹那中，他的思想又仿佛旋风似的在脑里一回旋了。四年之前，他曾在山脚下遇见一只饿狼，永是不近不远的跟定他，要吃他的肉。他那时吓得几乎要死，幸而手里有一柄斫柴刀，才得仗这壮了胆，支持到未庄；可是永远记得那狼眼睛，又凶又怯，闪闪的像两颗鬼火，似乎远远的来穿透了他的皮肉。而这回他又看见从来没有见过的更可怕的眼睛了，又钝又锋利，不但已经咀嚼了他的话，并且还要咀嚼他皮肉以外的东西，永是不近不远的跟他走。这些眼睛们似乎连成一气，已经在那里咬他的灵魂。

"救命，……"

然而阿Q没有说。他早就两眼发黑，耳朵里嗡的一声，觉得全身仿佛微尘似的迸散了。

至于当时的影响，最大的倒反在举人老爷，因为终于没有追赃，他全家都号眺了。其次是赵府，非特秀才因为上城去报官，被不好的革命党剪了辫子，而且又破费了二十千的赏钱，所以全家也号眺了。从这一天以来，他们便渐渐的都发生了遗老的气味。

至于舆论，在未庄是无异议，自然都说阿Q坏，被枪毙便是他的坏的证据：不坏又何至于被枪毙呢？而城里的舆论却不佳，他们多半不满足，以为枪毙并无杀头这般好看；而且那是怎样的一个可笑的死囚呵，游了那么久的街，竟没有唱一句戏：他们白跟一趟了。

从百草园到三味书屋

我家的后面有一个很大的园，相传叫作百草园。现在是早已并屋子一起卖给朱文公的子孙了，连那最末次的相见也已经隔了七八年，其中似乎确凿只有一些野草，但那时却是我的乐园。

不必说碧绿的菜畦，光滑的石井栏，高大的皂荚树，紫红的桑椹；也不必说鸣蝉在树叶里长吟，肥胖的黄蜂伏在菜花上，轻捷的叫天子（云雀）忽然从草间直窜向云霄里去了。单是周围的短短的泥墙根一带，就有无限趣味。油蛉在这里低唱，蟋蟀们在这里弹琴。翻开断砖来，有时会遇见蜈蚣；还有斑蝥，倘若用手指按住它的脊梁，便会啪的一声，从后窍喷出一阵烟雾。何首乌藤和木莲藤缠络着，木莲有莲房一般的果实，何首乌有臃肿的根。有人说，何首乌根是有像人形的，吃了便可以成仙，我于是常常拔它起来，牵连不断地拔起来，也曾因此弄坏了泥墙，却从来没有见过有一块根像人样。如果不怕刺，还可以摘到覆盆子，像小珊瑚珠攒成的小球，又酸又甜，色味都比桑椹要好得远。长的草里是不去的，因为相传这园里有一条很大的赤练蛇。

长妈妈曾经讲给我一个故事听：先前，有一个读书人住在古庙里用功，晚间，在院子里纳凉的时候，突然听到有人在叫他。答应着，四面看时，却见一个美女的脸露在墙头上，向他一笑，隐去了。他很高兴；但竟给那走来夜谈的老和尚识破了机关。说他脸上有些妖气，一定遇见“美女蛇”了；这是人首蛇身的怪物，能唤人名，倘一答应，夜间便要来吃这人的肉的。他自然吓得要死，而那老和尚却道无妨，给他一个小盒子，说只要放在枕边，便可高枕而卧。他虽然照样办，却总是睡不着，——当然睡不着的。到半夜，果然来了，沙沙沙！门外像是风雨声。他正抖作一团时，却听得豁的一声，一道金光从枕边飞出，外面便什么声音也没有了，那金光也就飞回来，敛在盒子里。后来呢？后来，老和尚说，这是飞蜈蚣，它能吸蛇的脑髓，美女蛇就被它治死了。

结末的教训是：所以倘有陌生的声音叫你的名字，你万不可答应他。

这故事很使我觉得做人之险，夏夜乘凉，往往有些担心，不敢去看墙上，而且极想得到一盒老和尚那样的飞蜈蚣。走到百草园的草丛旁边时，也常常这样想。但直到现在，总还没有得到，但也没有遇见过赤练蛇和美女蛇。叫我名字的陌生声音自然是常有的，然而都不是美女蛇。

冬天的百草园比较的无味；雪一下，可就两样了。拍雪人（将自己的全形印在雪上）和塑雪罗汉需要人们鉴赏，这是荒园，人迹罕至，所以不相宜，只好来捕鸟。薄薄的雪，是不行的；总须积雪盖了地面一两天，鸟雀们久已无处觅食的时候才好。扫开一块雪，露出地面，用一支短棒支起一面大的竹筛来，下面撒些秕谷，棒上系一条长绳，人远远地牵着，看鸟雀下来啄食，走到竹筛底下的时候，将绳子一拉，便罩住了。但所得的是麻雀居多，也有白颊的“张飞鸟”，性子很躁，养不过夜的。

这是闰土的父亲所传授的方法，我却不大能用。明明见它们进去了，拉了绳，跑去一看，却什么都没有，费了半天力，捉住的不过三四只。闰土的父亲是小半天便能捕获几十只，装在叉袋里叫着撞着的。我曾经问他得失的缘由，他只静静地笑道：你太性急，来不及等它走到中间去。

我不知道为什么家里的人要将我送进书塾里去了，而且还是全城中称为最严厉的书塾。也许是因为拔何首乌毁了泥墙罢，也许是因为将砖头抛到间壁的梁家去了罢，也许是因为站在石井栏上跳下来罢，……都无从知道。总而言之：我将不能常到百草园了。Ade，我的蟋蟀们！ Ade，我的覆盆子们和木莲们！

出门向东，不上半里，走过一道石桥，便是我的先生的家了。从一扇黑油的竹门进去，第三间是书房。中间挂着一块匾道：三味书屋；匾下面是一幅画，画着一只很肥大的梅花鹿伏在古树下。没有孔子牌位，我们便对着那匾和鹿行礼。第一次算是拜孔子，第二次算是拜先生。

第二次行礼时，先生便和蔼地在一旁答礼。他是一个高而瘦的老人，须发都花白了，还戴着大眼镜。我对他很恭敬，因为我早听到，他是本城中极方正，质朴，博学的人。

不知从哪里听来的，东方朔也很渊博，他认识一种虫，名曰“怪哉”，冤气所化，用酒一浇，就消释了。我很想详细地知道这故事，但阿长是不知道的，因为她毕竟不渊博。现在得到机会了，可以问先生。

“先生，‘怪哉’这虫，是怎么一回事？……”我上了生书，将要退下来的时候，赶忙问。

“不知道！”他似乎很不高兴，脸上还有怒色了。

我才知道做学生是不应该问这些事的，只要读书，因为他是渊博的宿儒，决不至于不知道，所谓不知道者，乃是不愿意说。年纪比我大的人，往往如此，我遇见过好几回了。

我就只读书，正午习字，晚上对课。先生最初这几天对我很严厉，后来却好起来了，不过给我读的书渐渐加多，对课也渐渐地加上字去，从三言到五言，终于到七言。

三味书屋后面也有一个园，虽然小，但在那里也可以爬上花坛去折蜡梅花，在地上或桂花树上寻蝉蜕。最好的工作是捉了苍蝇喂蚂蚁，静悄悄地没有声音。然而同窗们到园里的太多，太久，可就不行了，先生在书房里便大叫起来：

“人都到哪里去了？！”

人们便一个一个陆续走回去；一同回去，也不行的。他有一条戒尺，但是不常用，也有罚跪的规则，但也不常用，普通总不过瞪几眼，大声道：

“读书！”

于是大家放开喉咙读一阵书，真是人声鼎沸。有念“仁远乎哉我欲仁斯仁至矣”的，有念“笑人齿缺曰狗窦大开”的，有念“上九潜龙勿用”的，有念“厥土下上上错厥贡苞茅橘柚”的……。先生自己也念书。后来，我们的声音便低下去，静下去了，只有他还大声朗读着：

“铁如意，指挥倜傥，一坐皆惊呢——；金叵罗，颠倒淋漓噫，千杯未醉嗬——……。”

我疑心这是极好的文章，因为读到这里，他总是微笑起来，而且将头仰起，摇着，向后面拗过去，拗过去。

先生读书入神的时候，于我们是很相宜的。有几个便用纸糊的盔甲套在指甲上做戏。我是画画儿，用一种叫作“荆川纸”的，蒙在小说的绣像上一个个描下来，像习字时候的影写一样。读的书多起来，画的画也多起来；书没有读成，画的成绩却不少了，最成片断的是《荡寇志》和《西游记》的绣像，都有一大本。后来，为要钱用，卖给一个有钱的同窗了。他的父亲是开锡箔店的；听说现在自己已经做了店主，而且快要升到绅士的地位了。这东西早已没有了罢。

记念刘和珍君

一

中华民国十五年三月二十五日，就是国立北京女子师范大学为十八日在段祺瑞执政府前遇害的刘和珍杨德群两君开追悼会的那一天，我独在礼堂外徘徊，遇见程君，前来问我道，“先生可曾为刘和珍写了一点什么没有？”我说“没有”。她就正告我，“先生还是写一点罢；刘和珍生前就很爱看先生的文章。”

这是我知道的，凡我所编辑的期刊，大概是因为往往有始无终之故罢，销行一向就甚为寥落，然而在这样的生活艰难中，毅然预定了《莽原》全年的就有她。我也早觉得有写一点东西的必要了，这虽然于死者毫不相干，但在生者，却大抵只能如此而已。倘使我能够相信真有所谓“在天之灵”，那自然可以得到更大的安慰，——但是，现在，却只能如此而已。

可是我实在无话可说。我只觉得所住的并非人间。四十多个青年的血，洋溢在我的周围，使我艰于呼吸视听，那里还能有什么言语？长歌当哭，是必须在痛定之后的。而此后几个所谓学者文人的阴险的论调，尤使我觉得悲哀。我已经出离愤怒了。我将深味这非人间的浓黑的悲凉；以我的最大哀痛显示于非人间，使它们快意于我的苦痛，就将这作为后死者的菲薄的祭品，奉献于逝者的灵前。

二

真的猛士，敢于直面惨淡的人生，敢于正视淋漓的鲜血。这是怎样的哀痛者和幸福者？然而造化又常常为庸人设计，以时间的流驶，来洗涤旧迹，仅使留下淡红的血色和微漠的悲哀。在这淡红的血色和微漠的悲哀中，又给人暂得偷生，维持着这似人非人的世界。我不知道这样的世界何时是一个尽头！

我们还在这样的世上活着；我也早觉得有写一点东西的必要了。离三月十八日也已有两星期，忘却的救主快要降临了罢，我正有写一点东西的必要了。

三

在四十余被害的青年之中，刘和珍君是我的学生。学生云者，我向来这样想，这样说，现在却觉得有些踌躇了，我应该对她奉献我的悲哀与尊敬。她不是“苟活到现在的我”的学生，是为了中国而死的中国的青年。

她的姓名第一次为我所见，是在去年夏初杨荫榆女士做女子师范大学校长，开除校中六个学生自治会职员的时候。其中的一个就是她；但是我不认识。直到后来，也许已经是刘百昭率领男女武将，强拖出校之后了，才有人指着一个学生告诉我，说：这就是刘和珍。其时我才能将姓名和实体联合起来，心中却暗自诧异。我平素想，能够不为势利所屈，反抗一广有羽翼的校长的学生，无论如何，总该是有些桀骜锋利的，但她却常常微笑着，态度很温和。待到偏安于宗帽胡同，赁屋授课之后，她才始来听我的讲义，于是见面的回数就较多了，也还是始终微笑着，态度很温和。待到学校恢复旧观，往日的教职员以为责任已尽，准备陆续引退的时候，我才见她虑及母校前途，黯然至于泣下。此后似乎就不相见。总之，在我的记忆上，那一次就是永别了。

四

我在十八日早晨，才知道上午有群众向执政府请愿的事；下午便得到噩耗，说卫队居然开枪，死伤至数百人，而刘和珍君即在遇害者之列。但我对于这些传说，竟至于颇为怀疑。我向来是不惮以最坏的恶意，来推测中国人的，然而我还不料，也不信竟会下劣凶残到这地步。况且始终微笑着的和蔼的刘和珍君，更何至于无端在府门前喋血呢？

然而即日证明是事实了，作证的便是她自己的尸骸。还有一具，是杨德群君的。而且又证明着这不但是杀害，简直是虐杀，因为身体上还有棍棒的伤痕。

但段政府就有令，说她们是“暴徒”！

但接着就有流言，说她们是受人利用的。

惨象，已使我目不忍视了；流言，尤使我耳不忍闻。我还有什么话可说呢？我懂得衰亡民族之所以默无声息的缘由了。沉默啊，沉默啊！不在沉默中爆发，就在沉默中灭亡。

五

但是，我还有要说的话。

我没有亲见；听说，她，刘和珍君，那时是欣然前往的。自然，请愿而已，稍有人心者，谁也不会料到有这样的罗网。但竟在执政府前中弹了，从背部入，斜穿心肺，已是致命的创伤，只是没有便死。同去的张静淑君想扶起她，中了四弹，其一是手枪，立仆；同去的杨德群君又想去扶起她，也被击，弹从左肩入，穿胸偏右出，也立仆。但她还能坐起来，一个兵在她头部及胸部猛击两棍，于是死掉了。

始终微笑的和蔼的刘和珍君确是死掉了，这是真的，有她自己的尸骸为证；沉勇而友爱的杨德群君也死掉了，有她自己的尸骸为证；只有一样沉勇而友爱的张静淑君还在医院里呻吟。当三个女子从容地转辗于文明人所发明的枪弹的攒射中的时候，这是怎样的一个惊心动魄的伟大呵！中国军人的屠戮妇婴的伟绩，八国联军的惩创学生的武功，不幸全被这几缕血痕抹杀了。

但是中外的杀人者却居然昂起头来，不知道个个脸上有着血污……

六

时间永是流驶，街市依旧太平，有限的几个生命，在中国是不算什么的，至多，不过供无恶意的闲人以饭后的谈资，或者给有恶意的闲人作“流言”的种子。至于此外的深的意义，我总觉得很寥寥，因为这实在不过是徒手的请愿。人类的血战前行的历史，正如煤的形成，当时用大量的木材，结果却只是一小块，但请愿是不在其中的，更何况是徒手。

然而既然有了血痕了，当然不觉要扩大。至少，也当浸渍了亲族；师友，爱人的心，纵使时光流驶，洗成绯红，也会在微漠的悲哀中永存微笑的和蔼的旧影。陶潜说过，“亲戚或余悲，他人亦已歌，死去何所道，托体同山阿。”倘能如此，这也就够了。

七

我已经说过：我向来是不惮以最坏的恶意来推测中国人的。但这回却很有几点出于我的意外。一是当局者竟会这样地凶残，一是流言家竟至如此之下劣，一是中国的女性临难竟能如是之从容。

我目睹中国女子的办事，是始于去年的，虽然是少数，但看那干练坚决，百折不回的气概，曾经屡次为之感叹。至于这一回在弹雨中互相救助，虽殒身不恤的事实，则更足为中国女子的勇毅，虽遭阴谋秘计，压抑至数千年，而终于没有消亡的明证了。倘要寻求这一次死伤者对于将来的意义，意义就在此罢。

苟活者在淡红的血色中，会依稀看见微茫的希望；真的猛士，将更奋然而前行。

呜呼，我说不出话，但以此纪念刘和珍君！

鲁迅名言

1. 时间就像海绵里的水，只要你愿挤，总还是有的。
2. 倘只看书，便变成书橱。
3. 我好像一只牛，吃的是草，挤出的是牛奶。
4. 不满是向上的车轮，能够载着不自满的人前进。
5. 愿中国青年都摆脱冷气，只是向上走，不必听自暴自弃者的话。
6. 其实地上本没有路，走的人多了，也便成了路。
7. 哪里有天才，我是把别人喝咖啡的工夫都用在了工作上了。
8. 唯有民族魂是值得宝贵的，唯有它发扬起来，中国才有真进步。
9. 小的时候，不把他当人，大了以后也做不了人。
10. 愈艰难，就愈要做。改革，是向来没有一帆风顺的。
11. 必须敢于正视，这才可望敢想，敢说，敢做，敢当。
12. 勇者愤怒，抽刃向更强者；怯者愤怒，却抽刃向更弱者。
13. 中国一向就少有失败的英雄，少有韧性的反抗，少有敢单身鏖战的武人，少有敢抚哭叛徒的吊客；见胜兆则纷纷聚集，见败兆则纷纷逃亡。
14. 我每看运动会时，常常这样想：优胜者固然可敬，但那虽然落后而仍非跑至终点的竞技者，和见了这样的竞技者而肃然不笑的看客，乃正是中国将来之脊梁。
15. 中国的有一些士大夫，总爱无中生有，移花接木地造出故事来，他们不但歌颂生平，还粉饰黑暗。
16. 我们自古以来，就有埋头苦干的人，有拼命硬干的人，有为民请命的人，有舍身求法的人……
17. 曾经阔气的要复古，正在阔气的要保持现状，未曾阔气的要革新，大抵如此，大抵！
18. 搞鬼有术，也有效，然而有限，所以，以此成大事者，古来未有。
19. 敌人是不足惧的，最可怕的是自己营垒里的蛀虫，许多事情都败在他们手里。

20. 有缺点的战士终究是战士，完美的苍蝇也终究不过是苍蝇。
21. 哈儿狗往往比它的主人更严厉。
22. 游戏是儿童最正当的行为，玩具是儿童的天使。
23. 幼稚对于老成，有如孩子对于老人，决没有什么耻辱的，作品也一样，起初幼稚，不算耻辱的。
24. 事实是毫无情面的东西，它能将空言打得粉碎。
25. 墨写的谎说，决掩不住血写的事实。
26. 文人作文，农人掘锄，本是平平常常的，若照相之际，文人偏要装做粗人，玩什么“荷锄带笠图”;农夫则在柳下捧一本书，装作“春柳读书图”之类，就要令人肉麻。
27. 贪安稳就没有自由，要自由就要历些危险。只有这两条路。
28. 假使做事要面面顾到，那就什么事都不能做了。
29. 时间就是性命。无端的空耗别人的时间，其实是无异于谋财害命。
30. 做一件事，无论大小，倘无恒心，是很不好的。
31. 死者倘不埋在活人心中，那就真的死掉了。
32. 巨大的建筑，总是一木一石叠起来，我们何尝做做这一木一石呢？我时常做些零碎事，就是为此。
33. 只要能培一朵花，就不妨做做会朽的腐草。
34. 明言着轻蔑什么人，并不是十足的轻蔑。惟沉默是最高的轻蔑——最高的轻蔑是无言，而且连眼珠也不转过去。

经典名句、诗句

先秦两汉时期

1. 如切如磋，如琢如磨。（《诗经·卫风·淇奥》）
2. 言之者无罪，闻之者足以戒。（《诗经·周南·关雎·序》）
3. 它山之石，可以攻玉。（《诗经·小雅·鹤鸣》）
4. 投我以桃，报之以李。（《诗经·大雅·抑》）
5. 靡不有初，鲜克有终。（《诗经·大雅·荡》）
6. 长太息以掩涕兮，哀民生之多艰。（屈原《离骚》）
7. 路漫漫其修远兮，吾将上下而求索。（屈原《离骚》）
8. 亦余心之所善兮，虽九死其犹未悔。（屈原《离骚》）
9. 吾不能变心以从俗兮，固将愁苦而终穷。（屈原《涉江》）
10. 尺有所短，寸有所长。（《楚辞·卜居》）
11. 其曲弥高，其和弥寡。（宋玉《对楚王问》）
12. 满招损，谦受益。（《尚书·大禹谟》）
13. 欲加之罪，何患无辞？（《左传·僖公十年》）
14. 人非圣贤，孰能无过？过而能改，善莫大焉。（《左传·宣公二年》）
15. 辅车相依，唇亡齿寒。（《左传·僖公五年》）
16. 天行健，君子以自强不息。地势坤，君子以厚德载物。（《周易》）
17. 前事不忘，后事之师。（《战国策·赵策一》）
18. 行百里者，半于九十。（《战国策·秦策五》）
19. 亡羊补牢，犹未迟也。（《战国策·楚策四》）
20. 知己知彼，百战不殆。（《孙子兵法·谋攻》）

21. 知人者智，自知者明。（《老子》第三十三章）
22. 祸兮福之所倚，福兮祸之所伏。（《老子》第五十八章）
23. 千里之行，始于足下。（《老子》第六十四章）
24. 天网恢恢，疏而不漏。（《老子》第七十三章）
25. 物以类聚，人以群分。（《周易》）
26. 工欲善其事，必先利其器。（《论语·卫灵公》）
27. 人无远虑，必有近忧。（《论语·卫灵公》）
28. 往者不可谏，来者犹可追。（《论语·微子》）
29. 己所不欲，勿施于人。（《论语·颜渊》）
30. 三军可夺帅也，匹夫不可夺志也。（《论语·子罕》）
31. 学而不思则罔，思而不学则殆。（《论语·为政》）
32. 学而不厌，诲人不倦。（《论语·述而》）
33. 君子坦荡荡，小人常戚戚。（《论语·述而》）
34. 言必信，行必果。（《论语·子路》）
35. 与朋友交，言而有信。（《论语·学而》）
36. 有则改之，无则加勉。（《论语·学而》）
37. 是可忍，孰不可忍。（《论语·八佾》）
38. 敏而好学，不耻下问。（《论语·公冶长》）
39. 吾生也有涯，而知也无涯。（《庄子·养生主》）
40. 十年树木，百年树人。（《管子·权修》）
41. 橘生淮南则为橘，生于淮北则为枳。（《晏子春秋·杂下》）
42. 达则兼济天下，穷则独善其身。（《孟子·尽心上》）
43. 民为贵，社稷次之，君为轻。（《孟子·尽心上》）
44. 尽信书，不如无书。（《孟子·尽心下》）
45. 老吾老，以及人之老；幼吾幼，以及人之幼。（《孟子·梁惠王下》）
46. 天时不如地利，地利不如人和。（《孟子·公孙丑下》）
47. 得道者多助，失道者寡助。（《孟子·公孙丑下》）
48. 生于忧患，死于安乐。（《孟子·告子下》）
49. 生，亦我所欲也；义，亦我所欲也；
二者不可得兼，舍生而取义者也。（《孟子·告子上》）
50. 富贵不能淫，贫贱不能移，威武不能屈。（《孟子·滕文公下》）
51. 锲而舍之，朽木不折；锲而不舍，金石可镂。（《荀子·劝学》）
52. 千里之堤，溃于蚁穴。（《韩非子·喻老》）

53. 流水不腐，户枢不蠹，动也。（《吕氏春秋·尽数》）
54. 独学而无友，则孤陋而寡闻。（《礼记·杂记》）
55. 一张一弛，文武之道。（《礼记·杂记》）
56. 玉不琢，不成器；人不学，不知道。（《礼记·学记》）
57. 凡事预则立，不预则废。（《礼记·中庸》）
58. 临渊羡鱼，不如退而结网。（《汉书·董仲舒传》）
59. 塞翁失马，焉知非福。（《淮南子·人间训》）
60. 失之毫厘，谬以千里。（《史记·太史公自序》）
61. 桃李不言，下自成蹊。（《史记·李将军列传》）
62. 智者千虑，必有一失；愚者千虑，必有一得。（《史记·淮阴侯列传》）
63. 良药苦口利于病，忠言逆耳利于行。（《史记·留侯世家》）
64. 项庄舞剑，意在沛公。（《史记·项羽本纪》）
65. 大行不顾细谨，大礼不辞小让。（《史记·项羽本纪》）
66. 不鸣则已，一鸣惊人。（《史记·滑稽列传》）
67. 文王拘而演《周易》；仲尼厄而作《春秋》；
屈原放逐，乃赋《离骚》；左丘失明，厥有《国语》；
孙子膑脚，兵法修列；不韦迁蜀，世传《吕览》；
韩非囚秦，《说难》《孤愤》；
《诗》三百篇，大抵贤圣发愤之所为作也。（司马迁《报任安书》）
68. 水至清则无鱼，人至察则无徒。（《汉书·东方朔传》）
69. 少壮不努力，老大徒伤悲！（《乐府诗集·长歌行》）
70. 若要人不知，除非己莫为。（枚乘《上书谏吴王》）

三国两晋南北朝时期

71. 失之东隅，收之桑榆。（《后汉书·冯异传》）

72. 精诚所至，金石为开。（《后汉书·广陵思王荆传》）

73. 盛名之下，其实难副。（《后汉书·黄琼传》）

74. 不入虎穴，焉得虎子？（《后汉书·班超传》）

75. 疾风知劲草，岁寒见后凋 。（《后汉书·王霸传》）

76. 老骥伏枥，志在千里；烈士暮年，壮心不已。（曹操《龟虽寿》）

77. 鞠躬尽瘁，死而后已。（诸葛亮《后出师表》）

78. 非淡泊无以明志，非宁静无以致远。（诸葛亮《诫子书》）

79. 勿以恶小而为之，勿以善小而不为。（《三国志·蜀书·先主传》）

80. 士别三日，即当刮目相待。（《三国志·吴书·吕蒙传》）

81. 好读书，不求甚解。每有会意，便欣然忘食。（陶渊明《五柳先生传》）

82. 盛年不重来，一日难再晨。（陶渊明《杂诗》）

83. 及时当勉励，岁月不待人。（陶渊明《杂诗》）

84. 近朱者赤，近墨者黑。（傅玄《太子少傅箴》）

85. 蝉噪林逾静，鸟鸣山更幽。（王籍《入若耶溪》）

唐宋时期

86. 海内存知己，天涯若比邻。（王勃《送杜少府之任蜀州》）
87. 落霞与孤鹜齐飞，秋水共长天一色。（王勃《滕王阁序》）
88. 海上生明月，天涯共此时。（张九龄《望月怀远》）
89. 人世有代谢，往来成古今。（孟浩然《与诸子登岘山》）
90. 绿树村边合，青山郭外斜。（孟浩然《过故人庄》）
91. 大漠孤烟直，长河落日圆。（王维《使至塞上》）
92. 劝君更进一杯酒，西出阳关无故人。（王维《送元二使安西》）
93. 莫愁前路无知己，天下谁人不识君。（高适《别董大》）
94. 马上相逢无纸笔，凭君传语报平安。（岑参《逢入京使》）
95. 近乡情更怯，不敢问来人。（宋之问《渡汉江》）
96. 两岸猿声啼不住，轻舟已过万重山。（李白《早发白帝城》）
97. 举头望明月，低头思故乡。（李白《静夜思》）
98. 清水出芙蓉，天然去雕饰。（李白《论诗》）
99. 天生我材必有用，千金散尽还复来。（李白《将进酒》）
100. 孤帆远影碧空尽，惟见长江天际流。（李白《送孟浩然之广陵》）
101. 长风破浪会有时，直挂云帆济沧海。（李白《行路难》）
102. 朱门酒肉臭，路有冻死骨。（杜甫《自京赴奉先咏怀五百字》）
103. 酒债寻常行处有，人生七十古来稀。（杜甫《曲江》）
104. 无边落木萧萧下，不尽长江滚滚来。（杜甫《登高》）
105. 读书破万卷，下笔如有神。（杜甫《奉赠韦左丞二十二韵》）
106. 为人性僻耽佳句，语不惊人死不休。（杜甫《江上值水如海势聊短述》）
107. 出师未捷身先死，长使英雄泪满襟。（杜甫《蜀相》）
108. 笔落惊风雨，诗成泣鬼神。（杜甫《寄李十二白二十韵》）
109. 文章千古事，得失寸心知。（杜甫《偶题》）
110. 谁言寸草心，报得三春晖。（孟郊《游子吟》）
111. 蚍蜉撼大树，可笑不自量。（韩愈《调张籍》）

112. 业精于勤荒于嬉，行成于思毁于随。（韩愈《进学解》）
113. 沉舟侧畔千帆过，病树前头万木春。
（刘禹锡《酬乐天扬州初逢席上见赠》）
114. 东边日出西边雨，道是无晴却有晴。（刘禹锡《竹枝词》）
115. 山不在高，有仙则名；水不在深，有龙则灵。（刘禹锡《陋室铭》）
116. 文章合为时而著，歌诗合为事而作。（白居易《与元九书》）
117. 野火烧不尽，春风吹又生。（白居易《赋得古原草送别》）
118. 同是天涯沦落人，相逢何必曾相识。（白居易《琵琶行》）
119. 醉卧沙场君莫笑，古来征战几人回！（王翰《凉州词》）
120. 千里莺啼绿映红，水村山郭酒旗风。（杜牧《江南春绝句》）
121. 春蚕到死丝方尽，蜡炬成灰泪始干。（李商隐《无题》）
122. 身无彩凤双飞翼，心有灵犀一点通。（李商隐《无题》）
123. 相见时难别亦难，东风无力百花残。（李商隐《无题》）
124. 夕阳无限好，只是近黄昏。（李商隐《乐游原》）
125. 曾经沧海难为水，除却巫山不是云。（元稹《离思》）
126. 姑苏城外寒山寺，夜半钟声到客船。（张继《枫桥夜泊》）
127. 苦恨年年压金线，为他人作嫁衣裳。（秦韬玉《贫女》）
128. 海阔凭鱼跃，天高任鸟飞。（禅僧元览诗句）
129. 溪云初起日沉阁，山雨欲来风满楼。（许浑《咸阳城东楼》）
130. 罄南山之竹，书罪无穷；决东海之波，流恶难多。（祖君彦《檄隋文》）
131. 先天下之忧而忧，后天下之乐而乐。（范仲淹《岳阳楼记》）
132. 醉翁之意不在酒，在乎山水之间也。（欧阳修《醉翁亭记》）
133. 忧劳可以兴国，逸豫可以亡身。
夫祸患常积于忽微，而智勇多困于所溺。（欧阳修《伶官传序》）
134. 衣带渐宽终不悔，为伊消得人憔悴。（柳永《凤栖梧》）
135. 兼听则明，偏信则暗。（《资治通鉴》）
136. 由俭入奢易，由奢入俭难。（司马光《训俭示康》）
137. 不畏浮云遮望眼，只缘身在最高层。（王安石《登飞来峰》）
138. 欲把西湖比西子，淡妆浓抹总相宜。（苏轼《饮湖上初晴后雨》）
139. 人有悲欢离合，月有阴晴圆缺。（苏轼《水调歌头》）
140. 横看成岭侧成峰，远近高低各不同。
不识庐山真面目，只缘身在此山中。（苏轼《题西林壁》）
141. 生当作人杰，死亦为鬼雄。（李清照《夏日绝句》）

142. 山重水复疑无路，柳暗花明又一村。（陆游《游山西村》）
143. 纸上得来终觉浅，绝知此事要躬行。（陆游《冬夜读书示子聿》）
144. 王师北定中原日，家祭无忘告乃翁。（陆游《示儿》）
145. 文章本天成，妙手偶得之。（陆游《文章》）
146. 出师一表真名世，千载谁堪伯仲间。（陆游《书愤》）
147. 小荷才露尖尖角，早有蜻蜓立上头。（杨万里《小池》）
148. 接天莲叶无穷碧，映日荷花别样红。（杨万里《晓出净慈寺送林子方》）
149. 青山遮不住，毕竟东流去。（辛弃疾《菩萨蛮》）
150. 人生自古谁无死，留取丹心照汗青。（文天祥《过零丁洋》）
151. 春色满园关不住，一枝红杏出墙来。（叶绍翁《游园不值》）
152. 即以其人之道，还治其人之身。（朱熹《中庸集注》）
153. 等闲识得东风面，万紫千红总是春。（朱熹《春日》）
154. 问渠哪得清如许，为有源头活水来。（朱熹《观书有感》）
155. 近水楼台先得月，向阳花木易为春。（俞文豹《清夜录》）
156. 莫等闲，白了少年头，空悲切。（岳飞《满江红》）
157. 三十功名尘与土，八千里路云和月。（岳飞《满江红》）
158. 绳锯木断，水滴石穿。（罗大经《鹤林玉露》）
159. 宁为玉碎，不为瓦全。（《北齐书 · 元景安传》）
160. 长江后浪推前浪，一代新人换旧人。（刘斧《青琐高议》）

元明清时期

161. 地也，你不分好歹何为地！
天也，你错勘贤愚枉做天！（关汉卿《窦娥冤》）
162. 着意栽花花不发，等闲插柳柳成阴。（关汉卿《包待制智斩鲁斋郎》）
163. 男儿有泪不轻弹，只因未到伤心处。（李开先《宝剑记》）
164. 路遥知马力，日久见人心。（无名氏《争报恩》）
165. 不是一番寒彻骨，怎得梅花扑鼻香。（高明《琵琶记》）
166. 一言既出，驷马难追。（李寿卿《伍员吹箫》）
167. 养军千日，用军一时。（马致远《汉宫秋》）
168. 金玉其外，败絮其中。（刘基《卖柑者言》）
169. 墙上芦苇，头重脚轻根底浅；
山间竹笋，嘴尖皮厚腹中空。（解缙对联）
170. 风声，雨声，读书声，声声入耳；
家事，国事，天下事，事事关心。（东林书院门前对联）
171. 将在谋而不在勇，兵在精而不在多。（冯梦龙《古今小说》）
172. 人逢喜事精神爽，月到中秋分外明。（冯梦龙《古今小说》）
173. 冤家宜解不宜结，各自回头看后头。（冯梦龙《古今小说》）
174. 踏破铁鞋无觅处，得来全不费工夫。（冯梦龙《警世通言》）
175. 命里有时终须有，命里无时莫强求。（兰陵笑笑生《金瓶梅》）
177. 粉身碎骨浑不怕，要留清白在人间。（于谦《石灰吟》）
178. 滚滚长江东逝水，浪花淘尽英雄。
是非成败转头空，青山依旧在，几度夕阳红。
白发渔樵江渚上，惯看秋月春风，一壶浊酒喜相逢，
古今多少事，都付笑谈中。（罗贯中《三国演义 · 卷首词》）
179. 画龙画虎难画骨，知人知面不知心。（施耐庵《水浒传》）
180. 有缘千里来相会，无缘对面不相逢。（施耐庵《水浒传》）
181. 道高一尺，魔高一丈。（吴承恩《西游记》）

182. 智者不必仁，而仁者则必智。（蒲松龄《聊斋志异》）

186. 苟利国家生死以，岂因福祸避趋之。（林则徐《赴戍登程口占示家人》）

183. 海纳百川，有容乃大；壁立千仞，无欲则刚。（林则徐对联）

184. 世事洞明皆学问，人情练达即文章。（曹雪芹《红楼梦》）

185. 天下兴亡，匹夫有责。（顾炎武《日知录》）

186. 落红不是无情物，化作春泥更护花。（龚自珍《己亥杂诗》）

187. 我劝天公重抖擞，不拘一格降人才。（龚自珍《己亥杂诗》）

188. 我自横刀向天笑，去留肝胆两昆仑。（谭嗣同《狱中题壁》）

189. 江山代有才人出，各领风骚数百年。（赵翼《论诗》）

后 记

诸城，古称“密州”，是古代琅琊文化的中心地带，自古至今，其深厚的文化土壤培育了大量文化名人。当代诸城，因大面积出土巨型恐龙化石，又被称为“龙城”。这里气候宜人，风调雨顺，物产丰富，景色秀美，交通便利。改革开放三十几年来，诸城做大做强了“福田”“希努尔”“得利斯”等一批中国名牌，是全国百强县（市）和中国优秀旅游城市。

在这片蓬勃发展的热土上，升起了一颗璀璨的职教明珠——诸城市高级技工学校。目前，有一万多名来自全国各地的学子相聚在这里，教书育人的任务非常艰巨。从校长到班主任到门卫师傅，一刻也不敢松懈。学校秉承“劳动创造财富，技能改变命运”的办学理念，殚精竭虑，积极探索德育模式，全力营造丰富多彩的校园文化氛围，始终朝着“建一流的育人环境，创一流的育人机制，成就一流的就业目标”努力。这就是我校国学教育战略形成的起因，这就是这个《国学读本》的编写背景。

张泽旺同志在《国学读本》的策划和定稿期间都提出了很中肯的意见和建议。在搜集材料过程中，丁永强同志给予了切实的帮助。张军同志在人员支持方面提供了实实在在的方便。对他们的付出，我们表示衷心的感谢！

万千教师的心血化作阳光雨露，滋润亿万学生茁壮成长。教育是爱的事业，因而是功德无量的事业。

诸城市高级技工学校德育部
2012年6月